図解

いちばんやさしく丁寧に書いた

管理会計の本

成美堂出版

本書の見方

序章：5W1Hで理解する管理会計

管理会計とはどのようなものかについて、「なぜ」「だれが」「いつ」「何を」「どうする」「どこで」の6つのキーワードを通して解説していきます。

「なぜ」「だれが」「いつ」「何を」「どうする」「どこで」に対する答えから管理会計の基本を学びましょう。

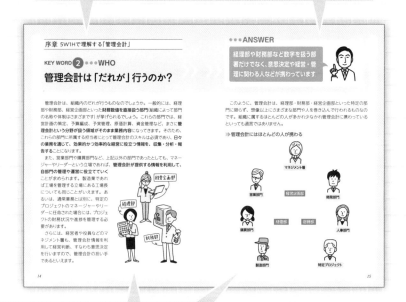

5W1Hを通して、管理会計のポイントをビジュアル解説。豊富なイラストを通して、イメージをつかみましょう。

1章以降の章末には、管理会計にまつわる章末コラムを掲載。管理会計がより身近に感じられます。

PART1〜PART8：1見開き1テーマでわかりやすい！

1見開き1テーマでまとめています。表やグラフ、解説イラストで感覚的な理解を、また、用語解説やコラムでより深い理解を促します。

POINT で要点整理

そのページのポイントをまとめています。ポイントを把握してから本文を読むことで、より深い理解につながります。

ビジュアル図解でわかりやすい

実際の計算や書類の見本などの詳細を、イラストを交えて説明しています。計算や理論に苦手意識がある人でも、テーマを視覚的に捉えることができます。

※計算・表記の簡略化のため単位未満を四捨五入しているケースがあり、四捨五入後の合算と実際の計算にズレが生じることがあります。

PART 1 管理会計の基礎

財務会計と管理会計

POINT
- 財務会計の目的は外部の利害関係者に財務情報を開示すること
- 管理会計の目的は経営に役立つ情報を提供すること

財務会計は法律や基準にしたがって行われる

本書で扱う管理会計は、財務会計と比較するとその特質が明確になります。財務会計は、株主を含む投資家や金融機関などの債権者に対して財務情報を提供することを目的としています。**財務情報とは、企業の財政状態や経営成績、キャッシュ・フローの状況などのこと**で、これらは財務諸表として作成され、公表されます。投資家や債権者などの情報利用者は、この公表された財務諸表をもとにその企業への投資を行うべきか、あるいは貸付を行っても問題ないかといった意思決定や判断を行います。したがって、財務会計によって提供される情報は、利害関係者の間で合意された共通のルールのもとで作成された、客観的かつ信頼性のある情報でなければならず、具体的には金融商品取引法や会社法といった法律や会計基準の定めに基づいて作成する必要があります。

管理会計は経営管理のために任意で行う

これに対して管理会計は、経営上の意思決定や業績評価、コストや利益の管理などを行うために役立つ情報を企業内部の経営管理者に提供するものです。具体的には、予算や中期経営計画、プロジェクトの評価報告書などの**内部的な資料が必要に応じて作成され、経営管理者に報告されることになります。あくまで企業が経営管理のために任意で行うものであるため、財務会計で要求されるような法規制は存在せず**、目的への適合性や有用性が重視されます。また、過去の財務情報に限らず、非財務情報や未来の予測データなども活用します。

用語解説 財務諸表 企業活動の結果を利害関係者に報告するための財務書類。貸借対照表、損益計算書、キャッシュ・フロー計算書、株主資本等変動計算書などで構成される。

24

財務会計と管理会計の特徴と違い

財務会計は外部の利害関係者への情報提供を目的とするが、管理会計は経営管理者による意思決定やマネジメントに役立てるために行われる。目的が異なることから、作成される情報の性質や書類にも相違が生じる。

財務会計と管理会計の違い

	財務会計	管理会計
情報の利用者	投資家や債権者など企業外部の利害関係者	企業内部の経営管理者
主な目的	財務情報の開示 配当可能利益の算定	経営戦略の策定 経営意思決定 コストや利益の管理 業績評価 など
制度の有無	あり （金融商品取引法、会社法、会計基準）	なし。 （目的に合った方法で行う）
作成される情報	財務諸表（貸借対照表、損益計算書、キャッシュ・フロー計算書など）	予算/中期経営計画 プロジェクトの評価報告書 など
情報の性質	客観性 信頼性	目的適合性 有用性
その他	過去の財務情報である	非財務情報や未来情報も含む

PLUS 1
配当可能利益の算定も財務会計の目的の1つです。配当可能利益とは、企業が株主に対して配当できる限度額のことで、具体的な算定方法は会社法に規定されています。企業が何の制限もなく配当するということになると、企業の資金が枯渇して金融機関に借入金などの支払いができなくなるケースがあり、これらの債権者が損失を被ってしまうため、会社法のルールが定められています。

25

脚注

MEMO
本文の補足情報を取り上げます。

用語解説
本文に出てくる用語を解説します。

コラム

PLUS 1
本文や図版を補足したり、発展的な内容をまとめたり、知識のプラスαに役立つ内容をまとめています。

※本書は、原則として2024年1月時点で施行中の法令その他の情報をもとに編集しています。

3

はじめに

　本書を手に取っていただき、誠にありがとうございます。

　会計とひと口にいっても、大きく区別すると財務会計と管理会計という2つの分野があります。財務会計の分野は確立したルールがあり、ルールは日々アップデートされていくため、知識をキャッチアップしていくことに重点を置くことが多いと思います。これに対して、管理会計は財務会計のように細かいルールがあるわけではありません。管理会計では、唯一、原価計算基準というルールが存在しますが、1962年(昭和37年)の公表以降、今まで改定されていません。つまり、管理会計は、会社ごとに、それぞれに合った幅広い考え方で行うことが許容されるのです。また、管理会計はそもそも時代や社会の変化によって考え方が変わるため、継続的に柔軟に考える姿勢が求められるものといえます。

　管理会計では数学的な計算式を扱うケースもあり、苦手とされる方もおられますが、本書では、数字が苦手な方でも理解しやすいように、図やイラストを中心とした図解を数多く掲載いたしました。

　管理会計を使用する範囲は広く、日常の生活にも考え方を応用することが可能です。本書で学習していただき、ビジネスを含む各方面で管理会計の考え方を実践していただければ幸いです。

合同会社千代田トラスト綜合会計グループ 代表社員 **神谷 了**
合同会社千代田トラスト綜合会計グループ 代表社員 **今田 俊輔**

図解 いちばんやさしく丁寧に書いた管理会計の本

目 次

PART ④ 原価管理のための管理会計⋯⋯⋯⋯⋯*81*

PART ⑤ 業務的意思決定のための管理会計

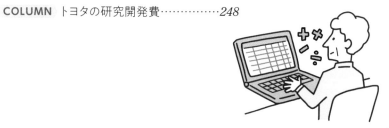

序章

5W1Hで理解する「管理会計」

　管理会計とは、なぜ、だれが、いつ、何を、どうするもので、また、どこで役立つものなのでしょうか。5つのWと1つのHへの答えから、管理会計の横顔が見えてきます。まずはここから始めましょう。

KEY WORD ❶ ●●● WHY

管理会計は「なぜ」必要なのか?

　管理会計はなぜ必要なのか。言い換えれば、**管理会計の目的は何なのでしょうか**。ひと言でいうと、**よりよい経営の実現に役立つことが管理会計の目的**です。企業をはじめとするさまざまな組織を経営するにあたって、**有用な情報を提供してくれるツールが管理会計**なのです。

▶▶ **よりよい経営のためのプロセス**

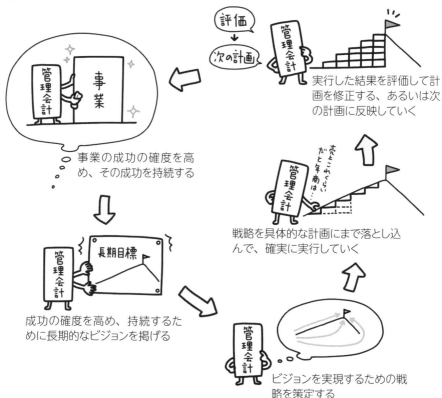

評価 → 次の計画

実行した結果を評価して計画を修正する、あるいは次の計画に反映していく

事業の成功の確度を高め、その成功を持続する

売上はこれくらいだと年前は…

戦略を具体的な計画にまで落とし込んで、確実に実行していく

成功の確度を高め、持続するために長期的なビジョンを掲げる

ビジョンを実現するための戦略を策定する

> よりよい経営を実現するためのさまざまな意思決定や、業績等の管理に有用な情報を得られるから

　経営者をはじめとする管理者は、経営のプロセスのあらゆる場面において意思決定を迫られます。新たな設備投資を実行すべきか、不採算事業をどう扱うべきか、どの製品・サービスに経営資源を集中すべきか、など意思決定しなければならないことばかりです。さらには、意思決定した結果を戦略や計画としてまとめあげ、計画通りに実行されるよう管理していく必要があります。

　このような意思決定や管理を行うにあたり、経営管理者の感覚や経験だけに頼っていたのでは、安定した経営は望めません。適切な意思決定や管理のためには、客観的な判断基準やメソッドが必要で、この部分を担ってくれるのが管理会計です。すなわち、**意思決定や管理を適切に行うためには管理会計が必要**なのです。

▶▶ **経営するうえで迫られるさまざまな意思決定**

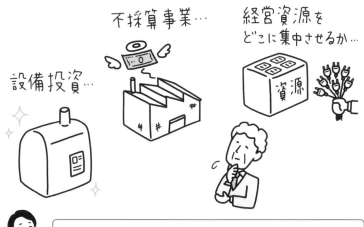

> 管理会計の情報利用者である経営管理者とは、社長などの経営層に限らず、社内のさまざまな階層の管理者を指しています

KEY WORD ❷ ●●●● WHO

管理会計は「だれが」行うのか?

　管理会計は、組織内のだれが行うものなのでしょうか。一般的には、経理部や財務部、経営企画部といった**財務数値を直接扱う部門**(組織によって部門の名称や体制はさまざまです)が挙げられるでしょう。これらの部門では、経営計画の策定、予算編成、予実管理、原価計算、資金管理など、まさに**管理会計という分野が扱う領域がそのまま業務内容**になってきます。そのため、これらの部門に所属する担当者にとって管理会計のスキルは必須であり、**日々の業務を通じて、効果的かつ効率的な経営に役立つ情報を、収集・分析・報告する**ことになります。

　また、営業部門や購買部門など、上記以外の部門であったとしても、マネージャーやリーダーという立場であれば、**管理会計が提供する情報を利用して、自部門の管理や運営に役立てていく**ことが求められます。製造業であれば工場を管理する立場にある工場長についても同じことがいえます。あるいは、通常業務とは別に、特定のプロジェクトのマネージャーやリーダーに任命された場合には、プロジェクトの財務状況や進捗を管理する必要があります。

　さらには、経営者や役員などのマネジメント層も、管理会計情報を利用して経営判断、すなわち意思決定を行いますので、管理会計の担い手であるといえます。

経理部や財務部など数字を扱う部署だけでなく、意思決定や経営・管理に関わる人などが携わっています

　このように、管理会計は、経理部・財務部・経営企画部といった特定の部門に限らず、想像以上にさまざまな部門や人を巻き込んで行われるものなのです。組織に属するほとんどの人が多かれ少なかれ管理会計に携わっているといっても過言ではありません。

▶▶管理会計にはほとんどの人が携わる

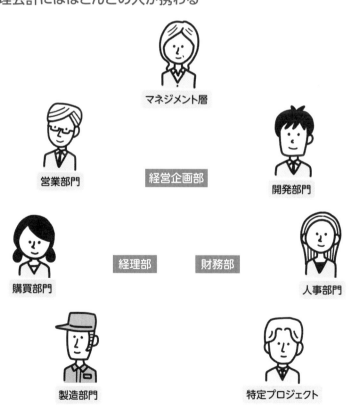

KEY WORD ③ •••• WHEN

管理会計は「いつ」行うのか?

　管理会計を行うタイミングや頻度について、制度的な決まりはありません。したがって、「管理会計はいつ行えばよいのか」という問いに対しては、**必要なタイミングと頻度で実施すればよい**というのが答えになります。

　例えば、多くの企業で月次決算を行っています。通常、月次決算は月次の業績を把握し、これを予算と比較することで、計画通りに事業が進捗しているかどうかを確認し、問題があれば改善するという目的で行われます。ただし、法律上の要請に基づいて必ず月次で決算を行わなければならないというわけではなく、あくまで**企業自身が経営を管理していくうえで月次という頻度で管理を行う必要があると判断して行っている**ものなのです。

　頻度だけではなくタイミング、すなわち、決算スケジュールの組み方についても同様です。**直近までの実績を踏まえて今後の経営の改善などに活かしていくことが月次決算の目的**ですので、決算を締めるのに時間がかかりすぎると、翌月の改善には間に合わず経営に役立つ情報を提供できないということ

▶▶ 月次の決算・報告に利用する

•••ANSWER

> タイミングと頻度に特段の決まりはなく、目的次第で、必要なタイミング・頻度で実施します

になります。月次決算は**管理の目的を達成できるようなスケジュールで行う必要があり**、そのタイミングは企業によって異なります。

　また、月次決算のように反復的・継続的に行われるものだけでなく、ある特定のプロジェクトを実行するような場合も考えられます。その際の管理会計は、プロジェクトの進捗や業績を管理するため、**プロジェクトの期間にわたって行われる**ということになります。

月次業務計画表

所属：
氏名：

年　月度　　売上合計：

No	顧客名	売上目標	担当者名	営業品目	営業計画	課題・問題点
1	㈱美宇プランニング	100千円	一課：冬木氏	生産管理システム	課題のすり合わせ	値引き交渉
			一課：小野川氏		修正点の抽出	
					課題の実際	

月次業務の計画表の一例。当月に達成したい目標などを掲げ、どうやったら達成できるかを考える。こういった月次の報告や計画表に実際的な数字を反映するために管理会計というシステムがある。

KEY WORD ④ •••• WHAT

管理会計は「何を」扱うのか?

•••ANSWER

数字です。なかでも財務数値が中心ではありますが、経営に役立つ情報であれば非財務数値も扱います

　管理会計は、経営者に対して**意思決定や管理に役立つ客観的な判断材料を提供するものでなければならないため、主に数字を扱います。**感覚や経験など数値化できない情報も重要ではありますが、やはり数字で示された情報は判断に客観性を与えることができます。

　そして、数字のなかでも財務数値、すなわち貨幣額(金額)が中心です。例えば、「100万円の設備投資をしたら将来150万円の収入増加が見込めるためこの投資は実行すべき」というように貨幣額で表すのが基本です。ただし、管理会計では、必ずしも貨幣額しか扱わないというわけではありません。商品の販売数量、機械作業時間、人員数といった**非財務的な数値も、意思決定や管理にあたって重要な要素となる**ことがあります。経営、すなわち**意思決定や管理に役立つものであれば、財務数値に限らず、あらゆる数字を駆使して有用な情報を提供する**というのが管理会計のスタンスです。

管理会計で扱う数字

貨幣額

商品の販売数量

機械作業時間

人員数

etc…

管理会計は数字を「どうする」のか?

•••**ANSWER**

管理会計では、経営に役立つ情報を提供するという目的に合った方法で、数字を使って計算・比較・評価を行います

　管理会計では、必要な数字を収集した後、目的に合った方法で計算を行います。さらに、計算して終わりではなく、別の数字と比較したり、計算結果を評価したりします。とはいっても高度に数学的な知識が必要なわけではなく、四則演算ができれば十分です。

　管理会計は経営に役立つことを目的としていますが、経営を取り巻く環境は組織によって、また、そのときどきでさまざまです。したがって、管理会計には絶対にこの方法でなくてはならないというような決まりはありません。とはいえ、**基本的な考え方や伝統的な手法**というものは少なからず存在しますので、それらを**理解したうえで、状況に合わせてアレンジ**すればよいのです。

四則演算ができれば十分

複雑な計算は、エクセルを活用することで簡略化できる!

KEY WORD 6 ••• WHERE

管理会計は「どこで」役立つのか？

•••ANSWER

> 管理会計は企業経営の現場で役に立つ学問ではありますが、個人の日常生活にも応用することができます

　管理会計は企業の経営にとって必要なものであるため、管理会計はどこで役立つものなのかといえば、**経営の現場における実務で役に立つ**ということになります。ですが、必ずしも企業などの組織だけではなく、個人の日常生活においても管理会計の考え方が役に立つことがあります。

　例えば、「資格試験に合格する」という目標がある場合には、これを実現するために、戦略を練って具体的な計画に落とし込み、計画に沿って日々実行していくことが重要になります。その際には、**戦略策定のための管理会計（PART7）や予算管理（PART3）の考え方が参考になるでしょう**。また、企業の経営と同じように、個人の人生も意思決定の連続です。直感だけに頼るのではなく意思決定会計の理論（PART5、6）を応用してみると新たな発見があるかもしれません。

▶▶人生は意思決定の連続！

PART
1

管理会計の基礎

　管理会計とは、適切な意思決定やマネジメントを行うために有用な情報を、内部の経営管理者に提供することを目的としており、あくまで企業が経営管理のために任意で行うものです。管理会計には、財務会計をはじめとするその他の会計分野の基礎知識が必要です。

会計の種類

- 企業会計は制度会計と管理会計に大別される
- 制度会計はさらに財務会計と税務会計に分けられる
- 管理会計は内部報告を目的として行われる

会計は利害関係者の意思決定の根拠

　会計とは、利害関係者の意思決定のために、経済的な取引や事象を貨幣額で測定・記録・集計し、その結果を報告することです。会計を行う主体はさまざまですが、**株式会社などの企業が行う会計を企業会計**といいます。したがって、企業会計は、株主、債権者、従業員、経営者といった、企業を取り巻く**利害関係者の意思決定に役立つように、日々の事業活動やその結果としての財務状況などを報告する**ことを目的として行われます。

企業会計には制度会計と管理会計がある

　企業会計には2つの領域があり、**制度会計と管理会計に大別**されます。制度会計は、企業外部の利害関係者への情報提供を目的として、制度すなわち法律に基づいて行われる会計のことです。よりどころとなる法律の違いによって、**制度会計はさらに財務会計と税務会計に分けられます**。財務会計は、会社法や金融商品取引法といった法律や会計基準にしたがって、株主や債権者、あるいは一般投資家に財政状態や経営成績などの財務情報を提供する目的で行われます。また、税務会計は国や地方自治体による課税の公平性を担保するために、法人税法などの税法に基づいて行われます。

　これに対して、管理会計は、法規制にしたがって行われるわけではなく、**企業内部の適切な意思決定やマネジメントを行うために有用な情報を、経営管理者に提供することを目的**として行われます。

MEMO 会計を行う主体としては、企業だけでなく国や地方自治体も含むあらゆる組織体や個人が考えられるが、本書では基本的に営利企業、特に株式会社が行う企業会計を前提とする。

企業会計の領域

企業会計には、制度会計と管理会計の2つの領域がある。制度会計は、外部の利害関係者への情報提供を、管理会計は内部の経営管理者への情報提供を目的としている。

≫ 会計とは何か

会 計	利害関係者の意思決定のために、経済的な取引や事象を貨幣的に測定・記録・集計し、その結果を報告すること

会計の主体はさまざまだが、企業のために行う会計を企業会計という。企業を取り巻く利害関係者の意思決定に役立つ情報を提供するのが企業会計の役割。

≫ 企業会計の種類

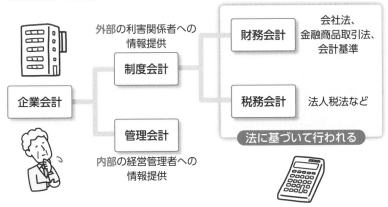

法規制に基づいて企業外部の利害関係者に情報提供を行うのが制度会計。一方、企業内部の経営管理者の意思決定やマネジメントに役立つことを目的とするのが管理会計。

会計情報はある目的を達成するために利用されるものなので、目的が異なれば会計の内容も変わってきます

財務会計と管理会計

POINT
- 財務会計の目的は外部の利害関係者に財務情報を開示すること
- 管理会計の目的は経営に役立つ情報を提供すること

財務会計は法律や基準にしたがって行われる

　本書で扱う管理会計は、財務会計と比較するとその特徴が明確になります。財務会計は、株主を含む投資家や金融機関などの債権者に対して財務情報を提供することを目的としています。**財務情報とは、企業の財政状態や経営成績、キャッシュ・フローの状況などのこと**で、これらは財務諸表として作成され、公表されます。投資家や債権者などの情報利用者は、この公表された財務諸表をもとにその企業への投資を行うべきか、あるいは貸付を行っても問題ないかといった意思決定や判断を行います。したがって、財務会計によって提供される情報は、**利害関係者の間で合意された共通のルールのもとで作成された、客観的かつ信頼性のある情報**でなければならず、具体的には金融商品取引法や会社法といった法律や会計基準の定めに基づいて作成される必要があります。

管理会計は経営管理のために任意で行う

　これに対して管理会計は、経営上の意思決定や業績評価、コストや利益の管理などを行うのに役立つ情報を企業内部の経営管理者に提供するものです。具体的には、予算や中期経営計画、プロジェクトの評価報告書などの**内部的な資料が必要に応じて作成され、経営管理者に報告される**ことになります。**あくまで企業が経営管理のために任意で行うもの**であるため、財務会計で要求されるような法規制は存在せず、目的への適合性や有用性が重視されます。また、過去の財務情報に限らず、非財務情報や未来の予測データなども活用します。

用語解説 財務諸表　企業活動の結果を利害関係者に報告するための財務書類。貸借対照表、損益計算書、キャッシュ・フロー計算書、株主資本等変動計算書などで構成される。

財務会計と管理会計の特徴と違い

　財務会計は外部の利害関係者への情報提供を目的とするが、管理会計は経営管理者による意思決定やマネジメントに役立てるために行われる。目的が異なることから、作成される情報の性質や書類にも相違が生じる。

≫ 財務会計と管理会計の違い

	財務会計	管理会計
情報の利用者	投資家や債権者など企業外部の利害関係者	企業内部の経営管理者
主な目的	財務情報の開示 配当可能利益の算定	経営戦略の策定 経営意思決定 コストや利益の管理 業績評価など
制度の有無	あり （金融商品取引法、会社法、会計基準）	なし （目的に合った方法で行う）
作成される情報	財務諸表（賃借対照表、損益計算書、キャッシュ・フロー計算書、株主資本等変動計算書など）	予算/中期経営計画 プロジェクトの評価報告書 など
情報の性質	客観性 信頼性	目的適合性 有用性
その他	過去の財務情報である	非財務情報や未来情報も含む

╋ PLUS 1

　配当可能利益の算定も財務会計の目的の1つです。配当可能利益とは、企業が株主に対して配当できる限度額のことで、具体的な算定方法は会社法に規定されています。企業が何の制限もなく配当できるということになると、企業の資金が枯渇して金融機関や仕入先などへの支払いができなくなるケースもあり、これらの債権者が損失を被ってしまうため、会社法でルールが定められています。

管理会計に役立つ
財務会計の基礎知識①

- 管理会計では、財務会計の基礎知識が必要となる
- 貸借対照表は一時点の財政状態を表している
- 損益計算書は一定期間の経営成績を表している

管理会計には財務会計の基礎知識が必要

　管理会計は、意思決定やマネジメントに役立つ情報を経営管理者に提供することを目的としています。そのなかには財務会計によって得られた情報やデータも多く含まれているため、財務会計の基礎知識は、管理会計の考え方を身につけるうえでも必要となります。

貸借対照表と損益計算書

　まずは、財務会計のもとで作成される財務諸表のうち、もっとも重要な貸借対照表と損益計算書について確認します。

　貸借対照表 (Balance Sheet : B/S) は、企業の一定時点における財政状態を表す財務諸表で、資産、負債、純資産から構成されます。資産は企業にとってプラスの財産 (預金、建物、土地など)、負債はマイナスの財産 (借入金など) で、**両者の差額である純資産が企業の正味の財産**です。純資産は、株主から出資された資金である資本金や、企業が過去に獲得した利益などから構成されます。B/Sの右側 (貸方) は資金の調達源泉を、左側 (借方) は運用形態を表しています。

　損益計算書 (Profit and Loss Statement : P/L) は、企業の一定期間における経営成績を表す財務諸表で、純資産の増加要因である収益 (商品の売上高など)、純資産の減少要因である費用 (商品の仕入高や従業員への給料など)、両者の差額としての利益から構成されます。例えば1年間などの**一定期間において、どれだけ純資産が増加したか**を表しているのが利益です。

MEMO▶ 3月末を決算日とする企業であれば、貸借対照表は3月31日時点の財政状態を、損益計算書は4月1日から3月31日までの1年間における経営成績を表す。

貸借対照表と損益計算書の構造

管理会計を学習するうえでは、財務会計の基本的な知識がベースとなる。ここでは、財務諸表のうち、もっとも重要な貸借対照表と損益計算書の構造を確認する。

≫ 貸借対照表のイメージ

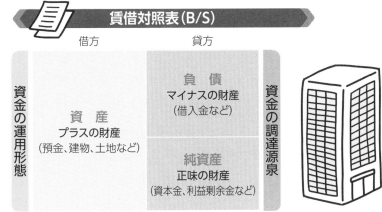

賃借対照表(B/S)

借方　　　　　　　貸方

資金の運用形態

資　産
プラスの財産
(預金、建物、土地など)

負　債
マイナスの財産
(借入金など)

純資産
正味の財産
(資本金、利益剰余金など)

資金の調達源泉

資産 ＝ 負債 ＋ 純資産

B/Sの貸方はどこから資金を調達してきたのかを、借方はその資金をどのように運用しているのかを表している。したがって、借方の合計と貸方の合計は必ず一致する。

≫ 損益計算書のイメージ

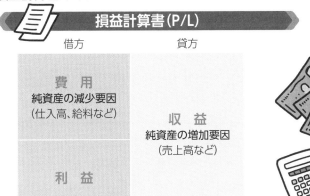

損益計算書(P/L)

借方　　　　　　　貸方

費　用
純資産の減少要因
(仕入高、給料など)

収　益
純資産の増加要因
(売上高など)

利　益

収益 － 費用 ＝ 利益

P/Lは、正味の財産である純資産がどのような原因でどれだけ増えたのか、あるいは減ったのかを表す。純資産を増加させるのが収益、減少させるのが費用。

管理会計に役立つ
財務会計の基礎知識②

POINT
- 企業活動は将来にわたって継続することが前提
- 企業活動を会計期間に区切って損益計算を行う
- 期間損益計算のため発生主義で収益・費用を認識

継続企業の前提と期間損益計算

　財務会計では、**企業がその経済活動を将来にわたって継続することが前提**となっています (継続企業の前提)。ただし、この前提では、永久に企業の財務状況を把握できないため、配当金や税額も確定できません。そのため、財務会計では継続的な企業活動を1年などの一定期間 (会計期間) で区切って財務状況を報告する必要があります。会計期間ごとに企業が稼いだ利益の額を明らかにし(期間損益計算)、これをもとに配当金や税額が計算されます。

発生主義会計の必要性

　期間損益計算を適正に行うために、財務会計では発生主義が採用されています。発生主義と対比される考え方として現金主義があります。現金主義では、**現金の収入が生じた時点で収益を認識し、支出が生じた時点で費用を認識します。**

　例えば、ある年に現金800千円で仕入れた商品を翌年に販売して代金1,000千円を受領したとします。現金主義では収入・支出の事実に基づいて収益・費用を認識するため、最初の年に800千円の費用が計上され、翌年に1,000千円の収益が計上されますが、これでは販売の成果である収益とこれを獲得するための犠牲である費用が異なる会計期間に計上され、対応しません。このような状況を解消するのが発生主義です。**発生主義では、経済的価値の増加・減少の事実が発生した期間に収益・費用を認識する**ため、上記の例では費用は販売の事実があった年に計上され、**収益と費用が期間的に対応**しています。

用語解説 会計期間　企業が財務諸表を作成する対象期間。1年が基本であるが、上場企業はこれに加えて四半期 (3ヶ月) ごとに財務諸表を作成・公表することが求められている。

期間損益計算と発生主義会計

　継続的な企業活動を一定期間で区切った会計期間ごとに、どれだけの利益を稼いだのかを計算するのが、期間損益計算。期間損益計算を適正に行うために、財務会計では発生主義会計が採用されている。

≫ 発生主義会計の必要性

| 継続企業の前提 | 企業がその経済活動を将来にわたって継続するとの前提 |

　　　株主への利益配分 (配当金) や税額を確定するために、企業活動を人為的に一定期間 (会計期間) で区切る必要がある

| 期間損益計算 | 会計期間ごとに企業がどれだけの利益を稼いだのかを明らかにする |

　　　期間損益計算を適正に行うために、発生主義に基づいて収益・費用を認識する

| 発生主義会計 | 経済的価値の増加・減少の事実が発生した期間に収益・費用を認識する |

　　　したがって、収益と費用が期間的に対応することになる。

≫ 現金主義と発生主義

現金主義	XXX1年	XXX2年
売上	0千円	1,000千円
費用	800千円	0千円
利益	△800千円	1,000千円

発生主義	XXX1年	XXX2年
売上	0千円	1,000千円
費用	0千円	800千円
利益	0千円	200千円

商品販売の事実があったXXX2年に費用が計上されず、収益と費用が期間的に対応しない

商品販売の事実があったXXX2年に収益と費用がともに計上され、期間的に対応する

現金主義では、商品販売の成果である収益とこれを獲得するための犠牲である費用が異なる会計期間に計上されるため、期間損益計算を適正に行うことができません

管理会計の役割

POINT
- 管理会計は財務会計と違い、会計期間、発生主義に基づく利益、企業単位に限定されない
- 戦略策定、意思決定、利益・原価管理が主なテーマ

管理会計は期間や単位が限定されない

　財務会計では、企業活動を1年や四半期といった会計期間に区切り、この期間を対象に決算を行って財務諸表を作成しますが、管理会計は必ずしも会計期間ごとに行われるわけではありません。例えば、企業は年度や四半期に加えて、月次でも決算を行い、その結果の**実績数値を予算と比較することで業績管理を行う**のが一般的です。あるいは、設備投資案を実行すべきか否かを判断するにあたっては、5年など、**投資の効果が及ぶまとまった期間を対象**に評価を行います。さらには、対象期間が会計期間に限定されないことから、期間損益計算のための発生主義によって算定された利益ではなく、現金収支すなわち**キャッシュ・フローがより重視**される場面もあります。

　また、財務会計は基本的には企業を単位として行われますが、投資プロジェクトの評価を行うような場合には、このプロジェクトが会計の単位となります。このように**管理会計の単位は企業だけに限定されません。**

管理会計が果たす役割

　このような前提のもとで**管理会計が果たす役割は、主に経営戦略の策定、経営意思決定及びマネジメント・コントロールに役立つ情報を提供すること**です。このうち、経営意思決定のための管理会計は、業務的意思決定と戦略的意思決定から構成されます。また、マネジメント・コントロールは利益管理と原価管理を中心に、予算管理や営業費の管理もテーマとなります。

用語解説 マネジメント・コントロール　組織目標の達成のために資源を効果的かつ効率的に取得・利用することを経営者が確保するプロセス。業績管理のための計画と統制と考えればよい。

管理会計の前提とテーマ

　管理会計における基本的な前提と、管理会計が果たす役割、すなわち管理会計が取り扱う主なテーマは以下のとおり。また、これら管理会計の主なテーマはそのまま、本書の章構成となっている。

》 管理会計の基本的な前提

対象とする期間	財務会計：会計期間（1年、四半期） 管理会計：**会計期間に限定されない** 　　　　　　月次予算管理、投資期間など
重視する会計数値	財務会計：発生主義に基づく利益 管理会計：利益より**キャッシュ・フロー**が 　　　　　　**重視される**場合がある
会計の単位	財務会計：企業単位 管理会計：企業に限定されない 　　　　　　プロジェクト単位、製品単位など

経理部

管理会計は、財務会計とは異なる前提のもと行われる。対象とする期間や会計の単位、また、重視される指標なども目的によってさまざま。

》 管理会計のテーマと本書の構成

管理会計の役割	具体的なテーマ	本書
経営戦略の策定	戦略策定のための管理会計	PART7
経営意思決定	業務的意思決定のための管理会計	PART5
	戦略的意思決定のための管理会計	PART6
マネジメント・コントロール	利益管理のための管理会計	PART2
	▶予算管理	PART3
	原価管理のための管理会計	PART4
	▶営業費の管理	PART8
管理会計の基礎		PART1

　管理会計が果たす役割は多岐にわたりますが、体系的に整理すると概ね表のようになります。本書では基本的に、利益管理、原価管理、意思決定、戦略策定の順に確認していきます

管理会計は企業のどこでも適用可能

　企業で管理会計を適用する場面というと、例えば工場における原価計算や投資意思決定の経済計算など、いわゆる管理会計の典型論点の場面を想像するかもしれません。ですが、実は管理会計は、企業のさまざまな場面で使用されています。

　例えば、建設業者では、1年間にたくさんの工事案件を受注しますが、案件によっては赤字工事を受注してしまうこともあるでしょう。ですが、その後も赤字受注を繰り返してしまうと、企業は全体で損失を計上してしまいます。そうならないためには、案件ごとに売上高やコストを集計して利益計算を行わないとなりません。このように、案件ごとの利益管理なども、管理会計が適用されている場面であるといえます。

　また、企業のA事業部で販売する製品をB事業部に提供することもあるでしょう。企業内部での売上高は、外部に公表する決算書では売上高としてカウントすることはできません。ただし、経営者としては、A事業部とB事業部の収益を正確に把握したいと思うはずです。このような事業部ごとの利益計算も管理会計が適用されている事例の1つです。

　上記以外でも、部署ごとの利益を確定するために、社員全員が参加した研修費や懇親会などの共通費をどのように各部署に負担させるかの計算を行うこともあります。このように、実はぐっと身近な場面でも、管理会計が使用されているのです。

PART 2

利益管理のための管理会計

　会社の目的は、事業によって利益を生み出すことです。一方、毎月出ていく費用もあります。会社が効率よく利益を出すために、損益分岐点売上高とCVP分析について学んでいきましょう。また、原価の固変分解についても紹介していきます。

損益分岐点売上高を算出する

POINT

- 損益分岐点売上高とは、利益が0になる売上高
- 費用を変動費と固定費に分解することが大事
- 損益分岐点では、限界利益が固定費と一致している

黒字と赤字の境目となる売上高の把握

　ある電子部品を製造販売している会社で、次年度の計画を立てています。電子部品1個の価格は700円、1個あたりの材料費は210円です。従業員は300人で年間の人件費は900,000千円、設備のリース料が年間で80,000千円です。この会社が**次年度に黒字となるためには、いくらの売上が必要**でしょうか。また、電子部品を年間で何個販売する必要があるでしょうか。

固変分解して損益分岐点売上高を計算する

　損益分岐点売上高とは、売上=費用、つまり利益が0になる売上高のこと。これを算出するためには、**損益計算書の費用を変動費と固定費に分解（固変分解）して集計**する必要があります。

　設例に当てはめると、変動費には製造個数によって合計額が変わる電子部品1個210円の材料費×製造個数が、固定費には人件費と設備リース料の合計980,000千円が該当します。**変動費が売上に応じて金額が変わる経費**であるのに対し、**固定費は売上の増減に関係なく経常的に同程度発生する費用**です。会社は、電子部品を販売すると1個あたり490円(販売単価700円−変動費210円)の利益を得ることができます。一方で、工場の固定費は電子部品の売上にかかわらず年間980,000千円発生するため、工場の利益を0にするためには、980,000千円(固定費)÷490円(1個あたり利益)の解である、2,000,000個の電子部品の販売が必要です。

　MEMO　1個売上を増やした場合に追加的に得られる利益のことを限界利益という。売上高から変動費を引いて計算される。損益分岐点売上高では、限界利益と固定費が一致している。

損益分岐点売上高における損益計算書

損益分岐点売上高は売上＝費用の状態で、利益がゼロになる点を指す。会社が黒字を達成するためには、売上＞費用の状態にする必要がある。一方、会社が赤字の場合、売上＜費用の状態となっていることに注意。

》電子部品会社の損益計算書（損益分岐点）

（単位：千円）

売上	1,400,000	（販売単価700円×販売数量2,000,000個）
売上原価（材料費）	420,000	←売上高に応じて増減する変動費
売上総利益	980,000	（限界利益＝売上高－変動費）
販売費及び一般管理費		
人件費	900,000	←売上高にかかわらず一定額発生する固定費
設備リース料	80,000	←売上高にかかわらず一定額発生する固定費
販管費合計	980,000	（固定費）
営業利益	0	

※簡略化のため、材料費以外はすべて販売費及び一般管理費であると仮定している。

販売費及び一般管理費にも変動費が存在するケースがあります。また、限界利益（980,000千円）と固定費（980,000千円）は一致しています

》電子部品会社の損益分岐点図

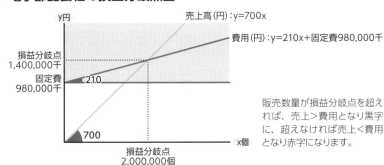

y円

売上高（円）：y=700x

費用（円）：y=210x+固定費980,000千

損益分岐点 1,400,000千

固定費 980,000千

210

700

x個

損益分岐点 2,000,000個

販売数量が損益分岐点を超えれば、売上＞費用となり黒字に、超えなければ売上＜費用となり赤字になります。

設例の売上高と費用（変動費＋固定費）は、計算式で表すことができます。
売上高（円）：y=700x
費用（円）：y=210x+固定費980,000千

※xは販売数量、yは金額

CVP分析とは

- 原価と操業度(販売数量)と利益の関係性を分析する
- 利益が0になる売上高を算出できる
- 目標利益を達成可能な売上高を算出できる

原価と操業度と利益の関係性

　CVP分析とは、Cost(原価)、Volume(操業度)、Profit(利益) の頭文字で、原価と操業度と利益の関係性を分析すること。これにより、**利益が0になる損益分岐点売上高**や、**目標利益を達成できる売上高**などを算出することができます。

　CVP分析を行う際には、前項でも説明したとおり、まずは原価(費用)を変動費と固定費に分解することが必要です。利益が0になる損益分岐点売上高は、固定費÷限界利益率で求めることができます。**限界利益とは、売上高から変動費を差し引くことで求める利益のこと(限界利益=売上高−変動費)** で、限界利益率は、**売上高に対する限界利益の比率(限界利益率=(売上高−変動費)÷売上高)** を指します。

操業度の増減による利益への影響を分析する

　会社ごとに変動費率が高かったり固定費が高かったりと、原価の構造は異なります。それぞれの原価の構造下において、**販売数量などの操業度が増減すると利益に対してどのように影響を与えるのか**を分析するのがCVP分析です。

　会社立上げ時や新商品の販売開始時などは、損益分岐点売上高や目標利益達成のための売上高はいくらなのかという情報が必要です。そして、それを達成するためには何個売ればよいのかも計算する必要があります。

　CVP分析では販売価格が一定であることを前提として、売上高を変数として扱う方法と販売数量を変数として扱う2つの方法があります。

用語解説 変動費率　売上高に対する変動費の比率のことをいう。変動費とは、売上高などに応じて変動する費用のこと。変動費÷売上高の計算式によって求められる。

2つの変数

　CVP分析では、損益分岐点や目標利益達成売上高（販売数量）の計算を行うにあたって、売上高に着目して計算を行うケースと販売数量に着目して計算を行うケースがある。それぞれの設例を見ていく。

≫ 売上高を変数として計算する場合

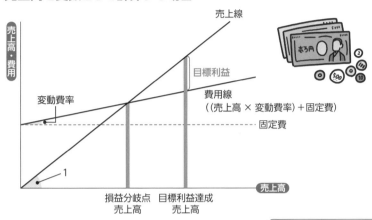

売上線

売上高・費用

目標利益

変動費率

費用線
（（売上高 × 変動費率）＋固定費）

固定費

1

損益分岐点　目標利益達成
売上高　　　売上高

売上高

損益分岐点売上高＝固定費÷(1−変動費率)
目標利益達成売上高＝(固定費＋目標利益)÷(1−変動費率)

> 変数を売上高とするか販売数量とするかの違いだけで、分析の本質は変わりません。どちらの場合も、「固定費を超える」という目線をもつことが大切です

≫ 操業度（販売数量）を変数として計算する場合

売上線

売上高・費用

目標利益

1個あたりの
変動費

費用線
（（販売数量 × 変動費）＋固定費）

固定費

販売価格

損益分岐点　目標利益達成
販売数量　　販売数量

販売数量

損益分岐点販売数量＝固定費÷(1個あたりの価格−1個あたりの変動費)
目標利益達成販売数量＝(固定費＋目標利益)÷(1個あたりの価格−1個あたりの変動費)

変動費や固定費が増加するケース

POINT

- 物価高になると損益分岐点売上高が上昇する
- 変動費と固定費に区別して検証する
- 赤字事業には、対応策を講じる必要がある

コストの増加が損益分岐点売上高へ与える影響

A社のC事業の当年度の売上高は10,000千円、変動費は5,000千円、固定費は3,000千円でした。物価高のため、次年度はC事業の仕入費用や人件費が上がることが予想されています。ここでは変動費や固定費の増加が、損益分岐点売上高へ与える影響を考えてみましょう。

変動費率は、変動費÷売上高なので、C事業におけるこのケースの場合、変動費率は0.5になります。したがって、当年度のC事業の損益分岐点売上高は、固定費3,000千円÷0.5(=1−変動費率0.5)で、6,000千円と計算されます。

変動費率が損益分岐点売上高に与える影響

さて、**次年度は仕入費用が増加することが購買部から報告されている場合**について考えてみましょう。仕入費用は変動費であるため、仮に変動費率が0.6まで上昇することを想定した場合には、次年度のC事業の損益分岐点売上高は固定費3,000千円÷0.4(=1−変動費率0.6)で7,500千円と計算されます。一方、**固定費が4,500千円まで増加すること**を想定してみましょう。変動費率が当年度と同様に0.5の場合は、次年度のC事業の損益分岐点売上高は固定費4,500千円÷0.5(=1−変動費率)で9,000千円と計算されます。さらに、このケースで変動費率が0.6まで上昇することを想定する場合には、固定費4,500千円÷0.4(=1−変動費率)で11,250千円と計算され、仮に、次年度の売上高が当年度と同じ水準(10,000千円)にとどまったならば、次年度の損益は赤字となります。

MEMO 変動費率の上昇や固定費の増加で事業が赤字となる場合には、損益分岐点売上高まで事業売上高を増加する、コスト削減を行う、赤字事業から撤退を行うなどの対応が求められる。

コストの増加により損益分岐点売上高が変動する

　物価高などが原因でコストが増加すると、損益分岐点売上高もバーが上昇する。変動費率が増加した場合と固定費が増加した場合の損益分岐点売上高への影響は以下の図のようになる。

》 変動費率が増加した場合

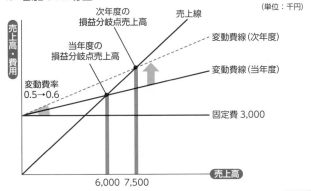

（単位：千円）

次年度の
損益分岐点売上高

当年度の
損益分岐点売上高

売上線

変動費線（次年度）

変動費線（当年度）

変動費率
0.5→0.6

固定費 3,000

売上高・費用

売上高

6,000　7,500

変動費率が0.5から0.6に増加したことで変動費線の角度が大きくなり、損益分岐点売上高は、6,000千円から7,500千円に上昇しています

》 変動費率と固定費が増加した場合

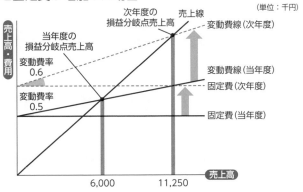

（単位：千円）

次年度の
損益分岐点売上高

売上線

変動費線（次年度）

当年度の
損益分岐点売上高

変動費率
0.6

変動費線（当年度）

固定費（次年度）

変動費率
0.5

固定費（当年度）

売上高・費用

売上高

6,000　　　11,250

変動費率が0.5から0.6に上昇し、固定費が3,000千円から4,500千円に増加したことにより、損益分岐点売上高は、6,000千円から11,250千円に上昇しています

費用の構造
変動費型と固定費型

POINT

- 売上と利益が同じでも、損益分岐点売上高は異なる
- 変動費型の企業のほうが経営の安定度は高い
- 固定費型の企業は安定度に劣るが収益性は高い

売上と利益が同じ会社を比較する

　同種事業を営むA社とB社は、どちらの会社も当年度の売上高が50,000千円であり、営業利益が10,000千円でした。A社とB社は売上高も利益も同じですが、**費用の構造が違います**(右ページ参照)。A社は費用に占める変動費の割合が大きく、B社は固定費の割合が大きくなっています。**売上高と利益が同じであっても費用の構造が違う場合には、損益分岐点売上高の計算は異なる**結果になります。

　まず、変動費÷売上高でそれぞれ変動費率を計算すると、A社は0.6、B社は0.2となります。したがって、A社の損益分岐点売上高は、固定費10,000千円÷0.4(=1−変動費率0.6)で25,000千円、B社の損益分岐点売上高は、固定費30,000千円÷0.8(=1−変動費率0.2)で37,500千円となります。

A社とB社はどちらが安定しているか

　変動費率が大きいA社の損益分岐点売上高は25,000千円で、B社の損益分岐点売上高37,500千円より小さく計算されました。両社の当年度の売上高は損益分岐点売上高を超えているため両社とも黒字です。ただし、A社のほうが実際の売上高と損益分岐点売上高の差額が大きくなっています。

　このことから、A社のほうが**売上高の減少によっても赤字になりにくく、利益が安定した会社**であるといえます。例えば、A社もB社も売上高が30%減少した場合、A社は営業利益が4,000千円で黒字を維持したままであるのに対して、B社は2,000千円の営業損失となってしまうのです。

　MEMO▶　B社のほうが固定費が高く赤字になりやすい。ただし、変動費率はB社の方が低いため、会社が成長して、多額の売上高を獲得できる場合には、B社のほうが得られる利益は大きくなる。

費用構造の違いに注目する

　A社は変動費率が大きく、固定費が小さい変動費型である。B社は変動費率が小さく、固定費が大きい固定費型である。A社とB社では、売上高が変化した場合に、利益への影響額が異なる。

≫ A社とB社の損益

A社

損益計算書 (単位：千円)

売上高	50,000
変動費	30,000
固定費	10,000
営業利益	10,000

B社

損益計算書 (単位：千円)

売上高	50,000
変動費	10,000
固定費	30,000
営業利益	10,000

～売上高が30%減少した場合～

損益計算書 (単位：千円)

売上高	35,000
変動費	21,000
固定費	10,000
営業利益	4,000

損益計算書 (単位：千円)

売上高	35,000
変動費	7,000
固定費	30,000
営業利益	△2,000

売上高が30%減少すると、A社は黒字のままであるのに対して、B社は赤字に陥ってしまう。

≫ 変動費型のA社と固定費型のB社

(単位：千円)

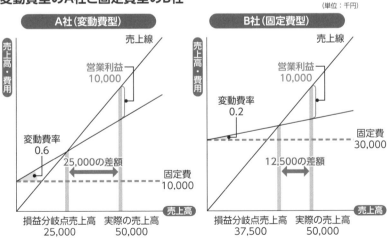

A社のほうが損益分岐点売上高と実際の売上高の差額が大きいため、売上高の減少があった場合に、ある程度までは黒字で耐えられる。

CVP分析
安全余裕率と損益分岐点比率

POINT

- 安全余裕率と損益分岐点比率は安定度を測る指標
- 安全余裕率は高いほうが経営の安定度が高い
- 損益分岐点比率は低いほうが経営の安定度が高い

経営の余裕度合いや健全度を測る指標

　安全余裕率は、実際の売上高が損益分岐点売上高をどの程度上回っているか、つまり経営の余裕度合いを示しています。計算式は以下のとおりです。

●**安全余裕率(%)＝(売上高−損益分岐点売上高)÷売上高×100**

　例えば、売上高が50,000千円、損益分岐点売上高が25,000千円のA社と、売上高が50,000千円、損益分岐点売上高が37,500千円のB社の安全余裕率は、以下のように計算されます。

(50,000千円−25,000千円)÷50,000千円×100＝50％：A社の安全余裕率

(50,000千円−37,500千円)÷50,000千円×100＝25％：B社の安全余裕率

　安全余裕率が高いと経営の安定度が高いと評価されるため、安全余裕率が50％と計算されたA社は経営の安定度はかなり高いといえます。一方、25％と計算されたB社は、A社よりは低いですが、それでも20％を超えているため、経営は安定していると評価されます。

　損益分岐点比率も安全余裕率と同じように経営の健全度を測る指標です。**損益分岐点比率は低いほうが、赤字への耐久性が強い**とされており、計算式は以下で表されます。

●**損益分岐点比率(%)＝損益分岐点売上高÷売上高×100**

　なお、A社とB社の損益分岐点比率は、以下のように計算されます。

25,000千円÷50,000千円×100＝50％：A社の損益分岐点比率

37,500千円÷50,000千円×100＝75％：B社の損益分岐点比率

MEMO ▶ 安全余裕率は10％〜20％未満が平均的な水準といわれる。安全余裕率が40％を超えるとかなりよい水準、10％未満の場合には危険な水準と判断されるのが一般的である。

経営の安定度の指標

安全余裕率と損益分岐点比率は、いずれも経営の安定度を図る指標である。安全余裕率が高く計算される場合には損益分岐点比率が小さく計算され、経営の安定度は高い。

≫ A社とB社の安定性

A社			B社	
損益計算書	(単位：千円)		損益計算書	(単位：千円)
売上高	50,000		売上高	50,000
変動費	30,000		変動費	10,000
固定費	10,000		固定費	30,000
営業利益	10,000		営業利益	10,000

損益分岐点売上高	25,000		損益分岐点売上高	37,500
安全余裕率	50%		安全余裕率	25%
損益分岐点比率	50%		損益分岐点比率	75%

A社もB社も経営の安定性はともに高いといえる。さらにA社は、安全余裕率が高く損益分岐点比率は低いため、より経営の安定性が高い。

≫ 安全余裕率と損益分岐点比率

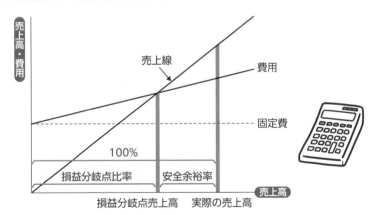

損益分岐点比率と安全余裕率の合計は常に1になる関係にある。よって、安全余裕率が高いと損益分岐点比率は小さくなる。

損益分岐点比率と安全余裕率の合計が1ということは100%ということです

CVP分析
目標利益達成売上高を算出する

POINT

- CVP分析では目標利益達成売上高の計算が可能
- 固定費+目標利益=限界利益となる売上高を算定する
- 会社によっては目標利益率を目標とすることもある

目標利益を達成する売上高を算出する

では次に、目標の営業利益を達成するための売上高を算出してみます。

ある年度のC社の売上高は50,000千円で営業損失は10,000千円(変動費が30,000千円、固定費が30,000千円。**売上高から営業費用を引いた額がマイナスだと営業損失**となる)でした。C社は、次年度は10,000千円の営業利益を達成したいと考えていますが、そのためには売上高が100,000千円必要になります。これが目標利益達成売上高です(計算式や計算の結果は右ページ参照)。

ここで、限界利益の面から考えてみましょう。**限界利益とは、事業を存続できる見込みがあるか否かの指標**で、売上高から変動費を差し引いた額のこと。常に一定の固定費や目標営業利益の合計と、限界利益がイコールになる売上高を計算してみます。上の例でいけば固定費は30,000千円、目標利益は10,000千円ですので、合計40,000千円。この例において限界利益率は0.4なので**限界利益は40,000千円(目標売上高100,000千円×0.4)**となり、**固定費と目標営業利益の合計額と一致**しています。

目標利益の額よりも率を重視したほうがいい理由

会社によっては、一定の営業利益の達成ではなく、一定の売上高営業利益率の確保に重点を置くケースもあります。営業利益額を目標とすると、小さい利益の仕事でも引き受けてしまいがちですが、**率を目標とすると効率的に仕事を回すようになるなど、従業員のモチベーションが上がるという利点**があります。

用語解説 売上高営業利益率 本業の収益力や経営効率を測る重要な指標。同種事業を営む企業と比較して、売上高営業利益率が高い場合には経営効率がよく、低い場合には経営効率が悪いと判断される。

目標利益達成売上高と目標利益率達成売上高

ある年度の売上高は50,000千円で営業損失は10,000千円のC社が、次年度に目標利益額を10,000千円に設定した場合と目標利益率を20%に設定した場合に達成すべき売上高がいくら必要であるかを計算してみる。

》目標利益10,000千円を達成する場合

C社のある年度の損益計算書

損益計算書	(単位：千円)
売上高	50,000
変動費	30,000
限界利益	20,000
固定費	30,000
営業損失	△10,000

C社が目標利益10,000千円を達成する場合の損益計算書

損益計算書	(単位：千円)
売上高	100,000
変動費	60,000
限界利益	40,000
固定費	30,000
営業利益	10,000

※変動費率は0.6
　損益分岐点売上高は固定費30,000千円÷0.4(＝1－変動費率0.6)で75,000千円

目標利益達成売上高は (固定費30,000千円＋目標利益10,000千円) ÷0.4(＝1－変動費率)で計算すると100,000千円と求められる。

》目標利益率20%を達成する場合

C社のある年度の損益計算書

損益計算書	(単位：千円)
売上高	50,000
変動費	30,000
限界利益	20,000
固定費	30,000
営業損失	△10,000

C社が目標利益率20%を達成する場合の損益計算書

損益計算書	(単位：千円)
売上高	150,000
変動費	90,000
限界利益	60,000
固定費	30,000
営業利益 (利益率20%)	30,000

目標利益率達成売上高X千円＝変動費率0.6×売上高X千円＋固定費30,000千円＋利益率0.2×売上高X千円。この方程式を解くとXは150,000と求められる。

このケースの場合、目標利益額よりも目標利益率の達成の指示のほうが高い利益を得ることができます

CVP分析の応用
値下げの是非を判断する

POINT

- CVP分析は値下げの正しい判断に活用することが可能
- 値下げで損益分岐点売上高が引き上がる点は盲点
- 値下げ後は高い販売数量の維持が求められる

CVP分析を値下げの判断に応用する

　価格が変動すれば、その商品の需要も変動します。これを需要の価格弾力性といい、商品ごとに異なります。**需要の価格弾力性が大きい商品を扱う場合には、値下げによって販売数量が大きく増加する**ため、その商品の売上高は値下げ前よりも増加する可能性があります。ただし、売上高でなく利益に着目した場合には、販売数量が増加したにもかかわらず、赤字となる可能性もあります。

値下げ後に獲得可能な利益の予測をより正しく判断できる

　販売価格を値下げすると、1個あたりの売上高と変動費との差額は、値下げ前よりも詰まってしまいます。このことは、**変動費率が増加する**ことを意味します。例えば、1個あたりの販売価格が5,000円の商品の変動費が3,000円である場合、変動費率は0.6(3,000円÷5,000円)ですが、販売価格を4,000円まで値下げした場合、変動費率は0.75(3,000円÷4,000円)となります。販売価格を値下げしても会社の固定費には影響がないことを考慮すると、変動費率が増加するということは、**損益分岐点売上高が従来の地点よりも高くなる**ことになります。

　このことに気づかずに、商品の販売価格を値下げした場合、販売数量が値下げ前の数量よりも増加したとしても、変更後の損益分岐点売上高には届かないことも考えられます。しかし、値下げの判断にCVP分析を適用すれば、**損益分岐点売上高の変化も考慮できる**ため、値下げ実施後に会社が獲得可能な利益の予測を、より正しく判断できるようになります。

用語解説　需要の価格弾力性　ある商品の価格が変動した際に発生する需要の増減のこと。弾力性が高いということは、価格変化による需要の変化が大きいことを指す。

値下げによる営業利益と損益分岐点への影響

値下げをすれば、販売数量が増加して売上高が大きくなるメリットが期待できる半面、変動費率が増加するため、損益分岐点が上がって赤字となる可能性もある。

≫ 値下げによる営業利益への効果

10,000個販売のケース(変動費率0.6)

(単位：千円)

売上高	50,000※
変動費	30,000
限界利益	20,000
固定費	30,000
営業損失	△10,000

※5,000円/個×10,000個

20,000個販売のケース(変動費率0.6)

(単位：千円)

売上高	80,000※
変動費	48,000
限界利益	32,000
固定費	30,000
営業利益	2,000

※4,000円/個×20,000個

販売価格を5,000円から4,000円に値下げ後、販売数量が10,000個から20,000個に増えた。しかし、利益が発生すると考えるのは早計。

値下げによって変動費率が増加するため、損益分岐点売上高(販売数量)のポイントが値上げ前より高くなってしまう点に注意が必要です

20,000個販売のケース(変動費率0.75)

(単位：千円)

売上高	80,000※
変動費	60,000
限界利益	20,000
固定費	30,000
営業損失	△10,000

※4,000円/個×20,000個

≫ 値下げによる損益分岐点の変化

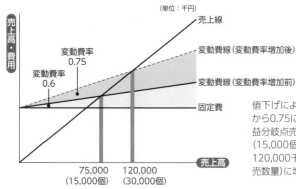

値下げによって変動費率が0.6から0.75に増加した結果、損益分岐点売上高が75,000千円(15,000個の販売数量)から120,000千円(30,000個の販売数量)に増加した。

原価の固変分解とは

- 変動費は短期的な支払いの優先度が高い
- 固定費は付加価値を生み出すコスト
- 固変分解の方法は複数ある

費用を変動費と固定費に分けて考える

　管理会計では、意思決定やCVP分析で変動費と固定費の概念が必要となるため、**費用を固定費と変動費に分けて考える固変分解**は重要です。**その手法には、技術的な予測に基づく方法や過去の実績データに基づく方法**などがあります。

　変動費は、材料費、買入部品費、商品仕入費、外注加工費、梱包費、発送費など、売上高や生産量といった操業度に比例して発生する原価のことで、製品やサービスに直接関係する直接費は変動費となることが多いです。万一、材料や商品が仕入れできなくなると、生産活動や販売活動は停止してしまいます。経営者にとっては、短期的な支払いの優先度が最も高くなります。

　一方、固定費は、人件費、地代家賃、減価償却費など、操業度の増減にかかわらず、一定額発生する費用のことで、生産、販売体制を維持するためのキャパシティコスト(能力原価)です。短期的な支払いの優先度は低いものの、**固定費の手間をかけることによって付加価値(追加的な粗利益)を得る**ことができます。

技術的な予測に基づくIE法

　固変分解の方法の1つにIE法があります。**IE法とは、工場の従業員の動作研究や時間研究などから作業内容を測定して、インプットとアウトプットの関係から発生する原価を予測する方法**。科学的な方法であるため、過去のデータがない場合でも材料費や労務費を予測する手段として使用可能です。ただし、**作業内容と原価の因果関係が見つけづらく、実務への適用が難しい**点がデメリットです。

MEMO 操業度に連動しない固定費をかけなかったからといって、単純にコストが削減され利益が増加するわけではない。固定費により製品に追加の価値が生まれ収益力が増加するなど、手間をかける意味もある。

費用を変動費と固定費に固変分解する

変動費と固定費は操業度と紐づいて発生するか否かに違いがあり、それぞれに特徴もある。固定費と変動費に分解することは難しく、技術的な予測に基づく方法や過去の実績データに基づく方法を用いて行う。

≫ 変動費と固定費

		変動費	固定費
内容		操業度の増減に比例して発生	操業度の増減にかかわらず一定額発生
例		材料費、買入部品費、商品仕入費、外注加工費、燃料費、梱包費、発送費	人件費、地代家賃、減価償却費、リース料、保険料、研究開発費、租税公課、水道光熱費
特徴		短期的な支払優先度がもっとも高い	短期的な支払優先度は変動費ほど高くない
		削減の対象とならない	削減の対象となりやすい
		外部から購入した価値	付加価値の源泉

≫ IE法（Industrial Engineering Method）の考え方

IE法（固変分解の方法）

作業方法の研究　　　　　作業時間の測定

工程分析

時間研究
ストップウォッチなどを用いて作業時間を測定

動作研究

可動分析
人や機械が何に時間を費やしているかを想定

費用の発生要因とコストを明らかにして費用の関数を見出す

IE法は動作研究や時間研究などの科学的な方法で費用の関数を見出す手法であるが、費用の関数を見出すのは困難であり現実的ではないとされる。

過去の実績データに基づく方法のうち、次項以降で説明する高低点法、スキャッター・チャート法、最小自乗法は、統計的手法による固変分解の方法です

原価の固変分解
高低点法とスキャッター・チャート法

POINT

- 高低点法とスキャッター・チャート法は統計的な手法
- 高い点と低い点の2点を結ぶ線を引く高低点法
- 目分量で線を引くスキャッター・チャート法

簡便だが正確性に欠ける高低点法

過去の実績データのうち、操業度が**最も高い点の原価と最も低い点の原価を直線で結んで、変動費率と固定費を計算する統計的な計算手法を高低点法**といいます。高低点法では、グラフの横軸に操業度、縦軸に原価をとり、原価の実績データをグラフにプロットします。プロットしたデータは、当然不規則な点の集合になりますが、操業度が最も高い点と最も低い点を直線で結ぶことで、コスト線が導き出されます。コスト線には傾きがありますが、この傾きが変動費率です。

高低点法では、最も高い点と最も低い点に着目して、原価を固定費と変動費に分解するため、簡便に変動費率と固定費を求めることができます。一方、最も高い点のデータと最も低い点のデータ以外を考慮しないため、**固変分解の数値の正確性に欠ける**という点はデメリットです。

正確だが客観性に欠けるスキャッター・チャート法

もう1つの統計的な計算方法であるスキャッター・チャート法は、過去の原価の実績データをプロットし、**データの真ん中を通るような直線を目分量で決める**方法です。最も高い点と最も低い点の2点のデータにのみ依拠して線を引く高低点法と違い、スキャッター・チャート法では、プロットデータの全体を考慮して線を引きます。よって、**原価分解の数値の正確性が高低点法より高く、簡便に固変分解できる**点がスキャッター・チャート法のメリットです。ただし、目分量で線を引くため、**客観性に欠ける点がデメリット**です。

MEMO 高低点法は、原価の最大値と最小値でなく、操業度の最大値と最小値を結ぶ必要がある。また、正常操業度の圏内の最大値と最小値を考慮し、正常操業度の圏外の異常な点は除外する。

統計的な2つの計算手法

　2つの固変分解法を紹介する。高低点法は操業度の最高点と最低点の2点を結ぶ線を引くのに対して、スキャッター・チャート法では、プロットしたデータの真ん中を通るように目分量で直線を引く。

≫ 高低点法による変動費と固定費への分解

操業度	原価
5,000	36,500
最低点 3,000	29,000
最高点 10,500	51,500
6,500	38,000
8,000	47,000

操業度の最高点10,500における原価データ51,500、最低点3,000における原価データ29,000を結ぶ線を引いてコスト線を見出し、コストを変動費と固定費に分解します

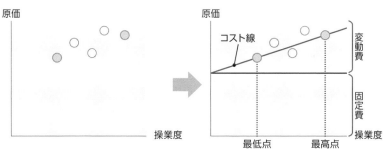

≫ 相対的に見て目分量で平均値を出すスキャッター・チャート法

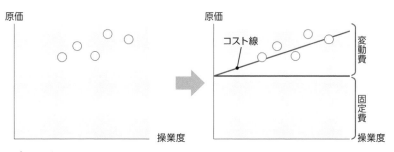

プロットデータから目分量で線を引いてコスト線を見出し、コストを変動費と固定費に分解する。

原価の固変分解
最小自乗法

POINT

- 最小自乗法は複数の実線データを利用して計算を行う
- 複雑な計算が必要という欠点がある
- Excelを活用することで簡単に求めることが可能

より確度の高い情報が得られる最小自乗法

　最小自乗法とは、操業度と費用の関係をグラフにプロットした過去の実績データを用いて、実績データとその真ん中を通る費用直線との差額の自乗の合計を最小にすることで、**確からしい近似直線の方程式を求める**方法です。数学的手法を用いて費用直線を正しい線に補正していくため、目分量で線を引くスキャッター・チャート法などより、**確度の高い直線を導き出す**ことができる半面、計算が難しいというデメリットがあります。

Excelの関数を活用する

　最小自乗法は、数学のΣ(シグマ)や微分の考え方を用いて、最終的には、連立方程式を解くことによって費用直線を構成する変動費率と固定費を求めます。計算が複雑なので、実務では、表計算ソフトであるExcelのINTERCEPT関数やSLOPE関数を用いて、費用直線の変動費率や固定費を求めます。

　具体的には、まず、操業度と費用について、複数の実績データをExcelの表に入力します。ここで、ExcelのINTERCEPT関数を使用して、表に入力した操業度と費用を関数の引数として範囲入力を行うと、**費用直線における固定費をアウトプット**してくれます。また、ExcelのSLOPE関数を使用して、同様に操業度と費用を関数の引数として範囲入力を行うと、**費用直線における変動費率をアウトプット**してくれます。ExcelのINTERCEPT関数とSLOPE関数は、複雑な数学計算を自分で行う必要がなくなるため、実務で使用できる便利なツールです。

MEMO 最小自乗法(最小二乗法ともいう)は、複数データを用いて費用の直線を引くため、2点のみで費用直線を引く方法である高低点法と比べても、費用直線の精度は高くなり実態に近い形となる。

より正確で客観性がある最小自乗法

　最小自乗法は実績データの間を通る近似直線（コスト線）を数学的に求める計算方法。そのため、高低点法、スキャッター・チャート法と比較して、正確性、客観性が改善された方法である。

》 最小自乗法の計算例

　最小自乗法では、以下の①と②の連立方程式を解くことで変動費率aと固定費bを求めることができます。

$$① \Sigma Y = a\Sigma X + nb$$
$$② \Sigma XY = a\Sigma X^2 + b\Sigma X$$

Xは操業度（売上高：百万円）
Yは費用（百万円）
nは実績データの数

　以下の資料において、操業度（売上高）の合計（ΣX）は3,900百万円、費用の合計は（ΣY）3,540千円、実績データの数（n）は3件、操業度×費用の合計（ΣXY）は4,638,000百万円、操業度の2乗の合計（X²）は5,130,000百万円になります。

	操業度X	費用Y	XY	X²
2019年度	1,200	1,120	1,344,000	1,440,000
2020年度	1,200	1,120	1,344,000	1,440,000
2021年度	1,500	1,300	1,950,000	2,250,000
合計(Σ)	3,900	3,540	4,638,000	5,130,000

これを数値に当てはめ、連立方程式（加減法）を解くと、a=60%、b=400百万円と計算される。

》 Excel関数の活用

	A	B	C	D	E
1		操業度X	費用Y		
2	2019年度	1,200	1,120		
3	2020年度	1,200	1,120		
4	2021年度	1,500	1,300		
5	合計(Σ)	3,900	3,540		
6					
7		変動費率	60%		
8		固定費	＝INTERCEPT（C2:C4,B2:B4）		

Excelにおいて、INTERCEPT関数、SLOPE関数を使用しても同様の計算結果となる。

原価の固変分解
費目別精査法

- 勘定科目ごとに変動費と固定費を分解する方法
- 売上や製造量に連動するものは変動費
- 売上原価と当期総製造費用の固変分解は同じと仮定

多くの人が直感的に納得する可能性が高い計算方法

　費目別精査法とは、**過去の実績データを、費目ごと (勘定科目ごと) に変動費と固定費に分解する方法**です。直感的であり、多くの人が納得する可能性が高い方法で、導入手続きが簡単というメリットがあります。

　一方で、**変動費と固定費の分解が客観的ではない**というデメリットがあります。売上や製造量に連動するものは変動費、それ以外については固定費とするのが通常ですが、変動費と固定費の両方の特徴を兼ね備えた費用 (準変動費、準固定費) もあり、一概には決められません。いわゆる準変動費や準固定費については、純粋な変動費、固定費であるといえないため、別の方法で固変分解することも考えられます。

売上原価を変動費と固定費に分解する

　固変分解において、製造原価報告書を作成する企業 (建設業・製造業等) が留意すべきことがあります。通常、固変分解ができるのは当期総製造費用であり、売上原価については変動費、固定費を把握することは容易ではありません。しかし、意思決定やCVP分析で使用するためには売上原価を変動費、固定費に分解する必要があります。そこで、**製造原価報告書と損益計算書から、当期総製造費用と同じ固変比率で売上原価を分解**し、期首仕掛品、期末仕掛品、当期製品製造原価、期首製品、期末製品についても同じ固変比率で仮定します。結果、当期総製造費用の固変比率=売上原価の固変比率という関係がなり立ちます。

用語解説　仕掛品　製造途中の段階で未完成の製品のこと。原材料の加工はしている状態であるが、そのままでの状態では出荷・販売ができない製造途中の中間品を指す。

費目別精査法

　費目別精査法は主観的な方法であり、判断に迷うことがある。その際、中小企業庁が平成15年度に調査して策定した「中小企業の原価指標」が、1つの固変分解の判断の目安となり得る。

》 中小企業の原価指標

製造業	固定費	直接労務費、間接労務費、福利厚生費、減価償却費、賃借料、保険料、修繕料、水道光熱費、旅費・交通費、その他製造経費、販売員給料手当、通信費、支払運賃、荷造費、消耗品費、広告宣伝費、交際・接待費、その他販売費、役員給料手当、事務員（管理部門）・販売員給料手当、支払利息・割引料、従業員教育費、租税公課、研究開発費、その他管理費
	変動費	直接材料費、買入部品費、外注費、間接材料費、その他直接経費、重油等燃料費、当期製品仕入原価、期首製品棚卸高－期末製品棚卸高、酒税
卸・小売業	固定費	販売員給料手当、車両燃料費（卸売業の場合50%）、車両修理費（卸売業の場合50%）、販売員旅費・交通費、通信費、広告宣伝費、その他販売費、役員（店主）給料手当、事務員（管理部門）給料手当、福利厚生費、減価償却費、交際・接待費、土地建物賃借料、保険料（卸売業の場合50%）、修繕費、水道光熱費、支払利息・割引料、租税公課、従業員教育費、その他管理費
	変動費	売上原価、支払運賃、支払荷造費、支払保管費、車両燃料費（卸売業の場合のみ50%）、保険料（卸売業の場合のみ50%） ※小売業の車両燃料費、車両修理費、保険料はすべて固定費
建設業	固定費	労務管理費、租税公課、地代家賃、保険料、現場従業員給料手当、福利厚生費、事務用品費、通信交通費、交際費、補償費、その他経費、役員報酬、従業員給料手当、退職金、修繕維持費、広告宣伝費、支払利息・割引料、減価償却費、通信交通費、動力・用水・光熱費（一般管理費のみ）、従業員教育費、その他管理費
	変動費	材料費、労務費、外注費、仮設経費、動力・用水・光熱費（完成工事原価のみ）、運搬費、機械等経費、設計費、兼業原価

「中小企業の原価指標」の調査自体は平成15年度を最後に廃止されたが、製造業、卸・小売業、建設業の3業種に関する固変分解の基準が示されている。

》 製造原価報告書と損益計算書の関係

製造原価報告書		損益計算書	
期首仕掛品 （変動費25%） （固定費75%）	当期製品製造原価 （変動費25%） （固定費75%）	期首製品 （変動費25%） （固定費75%）	売上原価 （変動費25%） （固定費75%）
当期総製造費用 （変動費25%） （固定費75%）	期末仕掛品 （変動費25%） （固定費75%）	当期製品製造原価 （変動費25%） （固定費75%）	期末製品 （変動費25%） （固定費75%）

固変分解まとめ
費目別精査法と最小自乗法を併用する

POINT
- すべての固変分解の方法には、デメリット部分がある
- 簡便さ重視は費目別精査法、客観性重視は最小自乗法
- 実務的には両方法の併用が望ましい

固変分解の方法にはいずれも欠点がある

固変分解については、どの方法であっても完璧ということはありません。

IE法は理論的で、過去のデータがない場合有効ですが、**作業内容と原価の因果関係を見つけるのが難しい方法**です。高低点法は簡便さがありますが、**最も高い点と最も低い点以外考慮しないため正確性に欠け**、また、**異常値である可能性**もあります。

スキャッター・チャート法は簡便で、すべての実績データを利用するため高低点法より正確性は高いですが、**目分量で線を引くため客観性に欠けます**。最小自乗法は統計的、数学的に求めるため、客観的で理論的にも一番優れていますが、**計算が難しい方法**です（Excelの活用で簡略化することは可能）。

費目別精査法は費目ごと（勘定科目ごと）に変動費と固定費に分けるため簡便ですが、**会社の過去の経験や固変分解をする担当者の判断が入りやすいため主観的な方法**となってしまいます。

費目別精査法と最小自乗法を併用する

では、実務上はどの方法を利用したらよいのでしょうか。結論からいえば、**簡便な費目別精査法と、客観的な最小自乗法を併用することが望ましい**と考えられます。具体的には変動費と固定費を明確に分類できる場合には費目別精査法によって分解を行い、変動費と固定費の両方の特徴を兼ね備えた費用、準変動費や準固定費については最小自乗法によって分解を行います。

MEMO 費目別精査法において変動費と固定費の判断に迷った場合は、固定費とした方が保守的である。固定費にすることで変動費率が抑えられ、損益分岐点売上高が高く計算されることになる。

各方法の特性の理解及び実務上の対応

固変分解のどの方法にもメリットとデメリットがそれぞれ存在する。それぞれのメリット・デメリットを把握したうえで、自社の状況を考慮して、計算方法を選択することが重要である。

≫ 各方法のメリット・デメリットまとめ

固変分解	メリット	デメリット
IE法	● 過去のデータがない場合有効 ● 直接材料費や直接労務費等の予測には効果的	● 作業内容と原価の因果関係を把握しにくい ● 製造間接費の予測は難しい ● 算定には多くの時間とコストがかかる
高低点法	● 最も高い点と最も低い点のみで計算するため簡便	● たった2点で全体の原価推移を把握するため正確性に欠ける ● 最も高い点と最も低い点は異常値の可能性がある
スキャッター・チャート法	● すべての実績データを利用するため高低点法より正確性は高い ● 簡便である	● 目分量で線を引くため、客観性に欠ける
最小自乗法	● 統計的・数学的手法を用いて算定するため客観的で理論的にも一番優れている	● 計算が難しい（ただし、Excelの活用で簡単に求められる） ● 企業のコスト構造が安定していることが前提（正常な操業度範囲内で適用可能）
費目別精査法	● 簡便である	● 固変分解において主観的になりやすい

≫ 費目別精査法と最小自乗法の併用

| ステップ 1 | 費目別精査法により変動費、固定費を分解 |

| ステップ 2 | 最小自乗法により準変動費、準固定費を分解 |

✚ PLUS 1

例えば、明らかに変動費とわかる材料費、商品仕入、外注加工費などは変動費に、明らかに固定費とわかる人件費、地代家賃、減価償却費は固定費に費目別精査法によって分解します。一方、基本料金と使用した量に応じて発生する従量料金から構成される費用（準変動費）や、一定の売上、操業度においては固定的に発生し、それを超えると急増し再び固定化するような費用（準固定費）は最小自乗法によって分解します。

固変分解まとめ
最小自乗法の適用範囲

 POINT

- 会社に環境変化があると変動費率や固定費も変わる
- 最小自乗法では異常な実績データは排除する
- 異常なデータを使うと固定費がマイナスとなることも

最小自乗法では使用するデータの範囲に注意する必要がある

材料価格や人件費などの高騰や、リストラ、トラブルによる操業停止など、**会社の内外の環境に大きな変化があると、操業度も極端に増減する**ことがあります。その結果、会社の費用構造は変化して、変動費率や固定費は異常に増減します。最小自乗法には、このような異常な環境や異常な操業度を使用すべきでなく、あくまで**正常な操業度を範囲とすべき**です。

計算結果が異常な値となるケースも

ある会社の2019年度から2022年度までの4年間の実際のデータを使って、INTERCEPT関数やSLOPE関数によって変動費率を求めてみました。すると、固定費は△122百万円、変動費率は102%と算出されました。しかし、費用は一定額かかるため、固定費がマイナスになることはありませんし、変動費率が100%を超えるということもありません。データをあらためて検討してみると、2022年度の実績は操業度が異常な値となっていました。このような異常な値は、本来は最小自乗法の直線には反映させるべきではありません。仮に、2019年度から2021年度の3年間の実績データを用いて再度計算してみると、固定費は400百万円、変動費率は60%と、どちらも正常な値で算出されました。

最小自乗法は理論的に一番優れている方法ですが、**正常な操業度の範囲を超えたデータを使用すると、計算結果は異常な値**となってしまいます。使用するデータの範囲には注意する必要があります。

MEMO 会社のコスト線は、製造業、卸・小売業、建設業などの業種や、店頭販売、インターネット販売など業態によってさまざまだが、大局的にみるとS字曲線、または逆S字曲線になっている。

最小自乗法を使用する場合の留意点

最小自乗法ではコストを直線とみなせるのは、正常な操業度の範囲内で限定的である。コストを直線とみなせない局面では、最小自乗法では固変分解が困難になる。

≫ 企業のコスト線及び正常操業度範囲

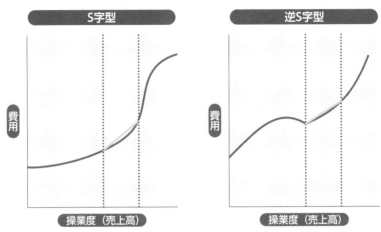

会社のコスト線は実際にはS字(逆S字)曲線のようになっている。最小自乗法では、極端に小さい操業度や大きい操業度は異常な値として切り捨てて、正常な操業度のみ(上記のグラフでいうと、点線と点線の間の比較的直線に近い値)を用いる。

≫ INTERCEPT関数・SLOPE関数を利用する

	操業度X (売上高) (百万円)	費用Y (百万円)	XY	X^2
2019年度	1,200	1,120	1,344,000	1,440,000
2020年度	1,200	1,120	1,344,000	1,440,000
2021年度	1,500	1,300	1,950,000	2,250,000
2022年度	1,600	1,600	2,560,000	2,560,000
合　計	5,500	5,140	7,198,000	7,690,000

最小自乗法についてExcelを活用した。INTERCEPT関数、SLOPE関数を用いての固定費及び変動比率の求め方については、P53を参照。

セット販売のメリット

　あるハンバーガーショップでは、ハンバーガー単品を250円で販売していました。このハンバーガーは1個つくると150円の変動費がかかり、限界利益は1個あたり100円です。ハンバーガーショップの1か月の固定費は150万円ほどかかるため、月間で黒字となるためには15,000個を上回るハンバーガーを販売する必要があります。

　ただし、ハンバーガーは、1か月に10,000個つくるのが精一杯です。そこで、コーヒーとのセット販売を考えました。セット価格は400円に設定しました。コーヒー1杯あたり50円の変動費が発生することを考慮すると、1セットあたり200円(400円－150円－50円)の限界利益が発生します。月間で黒字となるためには7,500個を上回るセットを販売すればよいこととなり、黒字の見通しが立つようになりました。

　ここで、限界利益率に着目してみます。ハンバーガー単品のみの販売では限界利益率が40％であったのが、セット販売にすることで50％まで増加しています。限界利益率が増加すれば、固定費の回収速度も上がります。

　このように、利益率の高いサービスと組み合わせると、サービスの魅力を維持しながら、固定費の回収速度を高めることができます。特に、ハンバーガーの製造数量など制約条件がある場合には、セット販売の工夫も有効であるといえます。

PART

3

予算管理

会社が事業を継続するためには、事業計画がとても重要です。事業計画を立てるためには、予算の策定が欠かせません。また、予算が実績と乖離しすぎないよう、半期、四半期、月次などのタイミングで細かく見直す必要があります。

予算編成と予実管理

POINT

- 予算とは翌事業年度の計画を立てて数字にすること
- 損益予算が次年度の会社の利益を決めるため重要
- 予算財務諸表は1年間の予測を反映した決算書

獲得できる利益の額を計画する損益予算

予算は、損益予算、資金予算、資本予算の3つに分類されます。中でも損益予算を作成することは、特に重要です。なぜなら、売上予算、原価予算、経費予算などを立案する**損益予算は、次年度において、会社がいくらの利益を獲得するかの計画を立てることになる**からです。

適切に**予算を設定して管理し、実績値との差異を分析する**こと（予実管理）は、会社の経営において重要です。会社の売上目標の達成や業績拡大につながるうえ、無駄な支出を抑えることができるため、利益管理にも役立ちます。

ゴールは予算財務諸表の作成

予算業務は、**次年度の目標を数字にして、最終的には予算財務諸表を作成することがゴール**になります。財務諸表とは、1年間の会社の財務状況の実績を報告する決算書のことで、その中でも、**貸借対照表、損益計算書、キャッシュ・フロー計算書の財務3表**と呼ばれる書類が特に重要な決算書になります。

貸借対照表は、会社の資産や負債の状況を把握するために、損益計算書は、会社の経営成績や利益を把握するために、キャッシュ・フロー計算書は、会社の資金の動きを把握するために作成される決算書です。予算作成時には、1年間の予測を記載したこれらの財務3表を含む予算財務諸表を作成します。

これらを作成し、はっきりと数字で示すことで、社員全員がその目標数字を達成できるように行動しやすくなるはずです。

MEMO 予算管理の基本は、PDCAサイクルによる管理。予算の計画（Plan）、実行（Do）、予算と実績を比較（Check）、改善（Action）の4つを何度も繰り返すことで、継続的に改善を進める方法。

経営計画や戦略を踏まえて予算を策定する

　予算の策定は、会社の経営計画や戦略と整合するように行われる。予算策定や予実管理に現場の担当者も関与することで、日々の業務のなかで目標を意識するようになり、達成率が高まる効果がある。

≫ 財務諸表と財務3表

財務諸表	財務3表	賃借対照表	会社の資産や負債の状況を記載する書類
		損益計算書	会社の経営成績や利益を記載する書類
		キャッシュ・フロー計算書	会社の資金の動きを記載する書類
	財務3表以外	株主資本等変動計算書	株主資本の各項目の動きを記載する書類
		附属明細表	賃借対照表や損益計算書、キャッシュ・フロー計算書などの情報を補定するための書類

キャッシュ・フロー計算書は、会社の資金の動きを営業、投資、財務の重要な活動ごとに分けて記載して、増減内容を把握するための決算書。資金の流れは重要なので、損益計算書、貸借対照表と同様、予算キャッシュ・フロー計算書も年間の計画として作成される。

≫ 予算損益計算書

（単位：千円）

科目	当期予算
売上高	300,000
商品A	60,000
商品B	240,000
売上原価	210,000
売上総利益	90,000
売上総利益率	30%
【販売費及び一般管理費】	59,000
営業利益	31,000
営業利益率	10%
【営業外収益】	150
【営業外費用】	1,150
経常利益	30,000
経常利益率	10%

予算損益計算書は、予算編成方針で定めた当期1年間の目標売上高や目標利益、目標利益率を反映した見込み数字を記載した損益計算書である。

キャッシュ・フロー予算

POINT

- 財務諸表の種類によって会計ルールが異なる
- 売上予算に過度に注目するのは要注意
- キャッシュ・フロー経営はメリットが多い

会社のキャッシュ・フロー（資金の流れ）を改善する

損益計算書とキャッシュ・フロー計算書では、売上高や商品仕入などの会計計上のルールが異なります。**売上高や商品仕入を損益計算書で計上するタイミングは入出金のタイミングと必ずしも一致するとは限りません。業種や商慣行によっては、大きなズレが生じる**こともあります。それに対してキャッシュ・フロー計算書は、収支と支出のバランスや資金繰りの状況がわかるように作成されるため、一定の会計期間における現金の流れを把握することができます。

会社にとっては、資金の動きは重要です。一時的でも資金が枯渇するおそれがある場合には、銀行借入などの準備をしなければなりません。にもかかわらず、経営者は資金の動きよりも損益計算書の売上高や利益の達成に固執しがちです。その結果、どこの会社も予算損益計算書は一生懸命作成するのに対して、**予算キャッシュ・フロー計算書はあまり作成されていない**のが現状です。

予算キャッシュ・フロー計算書を作成しない会社では、会社の目標は、損益計算書ベースでの売上達成目標を、営業ノルマで指示されます。売上ノルマを達成した社員には、ボーナスや昇格という形で還元されることになるでしょう。よって、営業担当者は、たとえ与信が危ない相手先でも販売を行い、ときには会計不正をしてまでも目標売上の達成に固執してしまいます。その点、予算目標をキャッシュ・フローにすれば、営業担当者は契約の数を増やすことだけを目標にしなくなります。回収リスクや回収サイトの短縮などを考慮するようになり、**会社のキャッシュ・フローが改善**し、会社の成長に資金を回せるようになります。

MEMO 3月に納品した商品の売上入金が4月にあった場合、損益計算書では3月の売上高として記載されるが、キャッシュ・フロー計算書では4月の入金として記載される。これが入出金のタイミングとのズレ。

予算キャッシュ・フロー計算書

予算キャッシュ・フロー計算書のひな形例は以下の通りであり、予算損益計算書とセットで作成するとわかりやすくなる。

予算キャッシュ・フロー計算書

（単位：千円）

予算科目	予算額
1.営業活動によるキャッシュ・フロー	
税引前当期純利益	30,000
減価償却費	1,613
受取利息及び配当金	△150
支払利息	1,150
売上債権の増減額	4,835
仕入債務の増減額	△5,922
棚卸資産の増減額	802
その他	45
小計	32,373
利息及び配当金の受取額	150
利息の支払額	△1,150
法人税等の支払額	△1,439
営業活動によるキャッシュ・フロー	29,934
2.投資活動によるキャッシュ・フロー	
定期預金の預入による支出	－
定期預金の払戻による収入	－
有形固定資産の取得による支出	△1,195
有形固定資産の売却による収入	－
投資活動によるキャッシュ・フロー	△1,195
3.財務活動によるキャッシュ・フロー	
短期借入金の増減額	3,500
長期借入による収入	10,000
長期借入金の返済による支出	－
自己株式の取得による支出	－
自己株式の売却による収入	－
配当金の支払額	△2,000
財務活動によるキャッシュ・フロー	11,500
4.現金及び現金同等物に係る換算差額	25
5.現金及び現金同等物の増減額	40,264
6.現金及び現金同等物の期首残高	20,131
7.現金及び現金同等物の期末残高	60,395

支出はマイナス表示(△)としている。予算キャッシュ・フロー計算書における現金及び現金同等物の期末残高60,395千円は、予算貸借対照表の現金及び預金科目の残高と一致している。

PLUS 1

東芝がキャッシュ・フロー予算の業績評価制度を導入して以来、キャッシュ・フロー予算制度が注目されてきています。キャッシュ・フローが十分にある場合、事業運営が円滑になるだけでなく、設備投資やM＆A(P126参照)にも資金を回せるため、会社の成長の促進という面でもメリットがあります。

予算スケジュール

POINT

- スケジュール表を作成し進捗を把握することが重要
- 次年度予算は決算前までに確定させる
- 予実管理はこまめに行うと効果的

予算スケジュール表を見ながら作業の進捗を把握する

　計画した**予算は、適切に実行して予算と実績の差額をタイムリーに分析・評価し、必要に応じて修正**します。そのために、1年間の予算スケジュールを明確にすることが重要です。スケジュール表を見ながら、予算作業の進捗を把握し、必要な場合には、次年度の予算スケジュールを修正します。

予算の策定と予実管理

　当年度の着地予想や予算と実績の差異の分析は、遅くとも決算月の2ヶ月前に行います。当年度の分析が終わると、いよいよ次年度予算の作成スタートです。

　まず、予算編成方針が示され、当期実績の概況と課題や次期の予算目標などが従業員に伝達されます。予算編成方針を伝達することによって、すべての社員が共通認識をもって予算作成を進めることができるようになります。**その後、各部門において予算作成**を進め、経営企画部などで**部門予算のまとめと調整**を行います。**決算月の1ヶ月前には予算の作成作業を終了**して、取締役会に、予算損益計算書、予算貸借対照表、予算キャッシュ・フロー計算書などの資料を提出します。

　前年度に策定した予算は当年度に実行され、実績数値が発生します。**予実管理は月次で実施**し、報告書や当期の着地予想報告書は毎月取締役会に提出します。業績予想が当初予算より大きく乖離する場合には、修正を開示する必要があるため、予実管理を含む当期の着地予想の見直しは随時行う必要があります。

MEMO ▶ 予算作成は、大企業の場合には、決算月の5〜6ヶ月前から部門ごとに準備が始まり、決算月の前月には決定しておく必要がある。

予算作成のスケジュール表の例（上場企業）

当年度に策定した予算は次年度になると実行され、予実管理が必要になる。上場企業では、業績予想の修正の開示義務があるため、予実管理と当期実績予想の見直しは随時行っていく必要がある。

≫ 2023年度（初年度）の予算作成スケジュール表（3月決算の場合）

日程	予算作業
2024年1月31日	2023年度着地予想資料・予実分析資料の提出
2024年1月31日	2024年度予算編成方針の伝達
2024年2月1日	2024年度予算作成開始
2024年2月13日	2023年度第3四半期決算短信発表
2024年3月1〜5日	2024年度予算審議会
2024年3月15日	2023年度の通期業績予想の発表
2024年3月20日	取締役会の予算承認（2024年度予算財務3表の作成）

当年度において作成された次年度（2024年度）予算は、当年度の決算までには取締役会の承認が行われる。

≫ 2024年度（2年目以降）の予算作成スケジュール表

日程	予算作業
2024年4月1日	2024年度予実管理スタート
2024年5月10日	4月月次報告(月次取締役会で毎月実施) 月次予実管理報告書、当期着地予想報告書
2024年5月13日	2023年度決算短信発表 2024年度業績予想発表
2024年8月13日	2024年度第1四半期決算短信発表
2024年8月31日	2024年度下期予算の修正作業の開始
2024年10月15日	2024年度第2四半期の業績予想の修正発表
2024年11月13日	2024年度第2四半期決算短信発表
2025年1月31日	2024年度着地予想資料・予実分析資料の提出
2025年1月31日	2025年度予算編成方針の伝達
2025年2月1日	2025年度予算作成開始
2025年2月13日	2024年度第3四半期決算短信発表
2025年3月1〜5日	2025年度予算審議会
2025年3月15日	2024年度の通期業績予想の発表
2025年3月20日	取締役会の予算承認（2025年度予算財務3表の作成）

2024年度に入ると、前年度に作成された予算は月次で実績との比較が行われる。前年度に提出された予算は、実績を踏まえて修正されて、月次で着地予想報告書として提出される。

予算編成方針

- 予算編成方針は中期経営計画と整合させる
- 当年度の概要と次年度の目標を記載する
- 予実管理の分析結果も反映させる

予算編成方針によって従業員の認識を統一する

　すべての従業員が、予算作成に関する課題や目標の共通認識をもって統一的に予算作成を行うためには、予算編成方針を作成して伝達する必要があります。**予算編成方針は、中期経営計画と整合する**ものであり、かつ、当年度の予実管理で把握した**課題に対する改善案などが反映**されていなければなりません。

当期の振り返りと次年度の方針や目標を盛り込む

　予算編成方針は、当期実績の振り返りとそれを踏まえた次年度の方針や目標を、具体的な数字を示して作成していきます。

　まず、当期の業績予想報告書や予実管理報告書を参考にして、**当期実績の概要や報告された問題点や課題を、予算編成方針に反映**させます。当期業績予想は、4月～12月までの実績データに1月～3月までの予測値を足し合わせることで1年間の予想残高を算定し、予算と比較して分析を行います（3月決算の場合）。予算と実績の差額（予算差異）の原因には、**予算設定に起因して発生する差異と実績に起因して発生する差異**があります。実績に起因する予算差異で次年度に影響を及ぼすものは、予算編成方針に反映させます。

　予算編成方針に記載する次年度の目標売上高や目標利益は、根拠のある具体的な目標を記載して、中期経営計画と整合させる必要があります。また、目標売上高や目標利益をどのように達成するか、具体的な販売、設備投資、研究開発の方法、人事、資金調達・運用などの方針もわかりやすく記載します。

MEMO▶ 予実管理は、細かく実施すると手間と時間がかかる。一方、予実管理表の分析項目を集約するなど大雑把に実施してしまうと予算と実績が乖離している原因の特定が難しくなる。

予算編成方針の作成

予実管理の分析結果は次年度の予算編成方針に反映させる。予算編成方針に記載する次年度の目標は、現実的に達成可能で根拠のある具体的な目標を記載する。

》 予算編成方針（2024年度）

日程	次年度目標の反映
当期実績の概況と課題	当期の売上高は250,000千円、予算比で△６％であった。予算比較で減少した主な理由は、商品Aの競合が厳しくなり、平均販売単価が下落したため。現状の課題は…
次年度予算目標	次年度は中期経営計画の３年目にあたり、2025年度以降に毎年安定して15％の経常利益率を達成するための重要な年度になる。〜そのため、目標経常利益30,000千円、経常利益率10％の達成を目標とする
利益計画	・目標売上高300,000千円 ・目標経常利益30,000千円（経常利益率10％）
営業方針	・競合が少ない商品Bの拡販強化 ・東北地区の売上を10％程度増加させる
購買方針	・仕入商品の平均単価を当年度比で３％引き下げる ・仕入先の選定と発注回数の減少
投資計画	研究開発用の検査設備5台（1台2,000千円）を追加購入
資金調達・運用計画	研究開発用の設備取得のため、10,000千円の借入を予定
人事方針	新卒採用は10名
研究開発計画	研究開発センターで防音テストを継続実施

》 当期業績予想の算定と予実管理

（単位：千円）

当期実績予想の算定

科目	2023年4月〜12月実績	2024年1月〜3月予想値	2024年3月期実績予想残高
売上高	189,000	61,000	250,000

（単位：千円）

予実管理

科目	2024年3月期実績予想残高	2024年3月期予算	予算差異	予算差異率	分析結果
売上高	250,000	265,000	△15,000	△６％	商品Aの競合が厳しくなり、平均販売単価が下落したため。

当年度の実績に起因する予算差異で、次年度にも影響を及ぼすのは、改善策も含めて予算編成方針に反映させる。

目標利益の算定

POINT

- 目標利益の算定は次年度の目標設定の最初のステップ
- 目標利益は次年度の支払資金を積上げて計算を行う
- 目標利益は税金負担やクッションも考慮する

最低限確保しなければならない支払資金を積上げる

次年度の目標利益の算定は、予算作成において、次年度の目標や方針を決める最初のステップです。**最初に目標利益を設定してから、それを達成するための売上目標や経費目標を設定する**ことになるからです。

目標利益は、会社が次年度に最低限確保しなければならない支払資金を積上げて計算を行います。ここでいう支払資金とは、商品仕入や経費などの会社の費用となるような事業資金のことをいうのではなく、事業活動を行った結果、獲得した利益を何に使用するかということを指します。例えば会社は、出資者である株主に対して配当金を支払います。また、自己資本比率を高め、財務体質を強化するために、内部留保資金を必要とするときもあります。さらに、借入金の返済原資や設備投資資金が必要になることもあります。

税金やクッション数字などで微調整をする

次年度に必要な返済資金や設備投資資金などの支払資金を考慮して、いったん目標利益を粗く積上げて算定したら、次に微調整を行います。

まず、法人税等の税金を考慮します。せっかく目標利益を設定しても、税金支払いのために、必要な資金に届かない結果となっては意味がないからです。また、実際に始まってみると、予測困難な事象のために利益を失ってしまうこともあります。したがって、**予期せぬ損失を被ったとしても目標利益を達成できる、いわばクッションとなる数字を設定しておく**ことが大事です。

用語解説 内部留保 利益を社外流出（株主への配当金など）には回さず、会社内部に留保すること。内部留保は企業が再投資を行うための原資となり、企業の成長に貢献する側面がある。

次年度の目標利益を算定する

　次年度の目標利益は、必要な資金支出を積上げて計算を行い、法人税負担やクッション（85%まで下回る可能性を考慮）を踏まえて、目標利益の算定を行う。算定した目標利益は予算編成方針にも反映させる。

次年度の目標利益の計算

（単位：千円）

項目	金額
①次年度の借入金の増減額	4,850
②次年度の設備投資額	10,000
③次年度の配当額	1,000
④次年度の目標内部留保額	2,000
⑤次年度の税引後目標利益（①+②+③+④） 　最低限確保しなければならない額	17,850
⑥次年度の法人税負担（⑦×30%）	7,650
⑦次年度の目標利益（保守的目線の調整前。⑤+⑥）	25,500
⑧次年度の目標利益（⑦÷利益のブレの下限85%）	30,000

会社は、目標利益30,000千円を獲得することを前提として予算編成を行えば、不測の損失を計上しても、本来の目標利益である25,500千円の獲得は堅いと考えている。

予算編成方針と目標利益

次年度予算目標	次年度は中期経営計画の3年目にあたり、2025年度以降に毎年安定して15%の経常利益率を獲得するための重要な年度になる。営業開拓余地がある東北地区において、商品Bの拡販活動を行う。一方で、購買側では、一度の発注を増加するなど工夫して仕入単価を引き下げる努力を行う。 結果として、次年度は目標経常利益30,000千円、経常利益率10%の達成を目標とする。
利益計画	・目標売上高300,000千円 ・目標経常利益30,000千円（経常利益率10%）

決定した目標利益はすべての社員に周知させるため、予算編成方針には必ず反映させる必要がある。

PLUS 1

　会社が利益を計上する目的は複数あります。例えば、借入金の返済原資とする目的、会社の成長のために設備投資資金を確保する目的、株主への配当金支払の原資とする目的、内部留保によって自己資本比率を高め財務体質を強化する目的などです。

目標売上高と売上予算

- 目標売上高の決定には、費用構造の理解が大事
- 目標売上高は予算編成方針に明記する
- 担当者別、相手先別に売上予算を作成して積上げる

費用構造を理解することが重要

目標利益を達成する売上高を決定するには、費用構造(変動費、固定費)を理解する必要があります。すべての費用が変動費であれば赤字になりませんが、人件費などの固定費も常に発生するため、**売上高と利益は必ずしも比例関係にあるわけではない**からです。

目標利益を達成する売上高の計算はPART2のCVP分析で学習したとおりです。例えば、会社の固定費が90,000千円発生し、変動費率が0.6であることが判明した場合には、目標利益30,000千円を達成する売上高は、(固定費90,000千円+目標利益30,000千円)÷0.4(＝1−変動費率0.6)＝300,000千円と計算されます。**目標売上高は、商品の目標販売単価が設定されている場合、一緒に予算編成方針に記載される**ことになります。

予算編成方針で次年度の目標売上高が決定されると、営業部署において予算編成作業が行われます。まず、営業担当者1人ひとりが、**次年度の具体的な行動計画に基づく販売予算を、販売相手先ごとに作成**します。また、販売予算を作成するときに使用する販売単価は、売上値引き等を考慮した実現可能な平均単価を用います。販売数量は、前年度の販売実績を参考にするなど、根拠のある情報に基づいて、月次単位で予測します。

営業担当者ごとの販売計画表が作成されると、それを集計して販売計画書を作成します。販売計画書の信頼性は重要で、ここで集計された次年度の売上高は、予算損益計算書の売上高に記入されることになります。

(MEMO) 売上予算では販売単価と販売数量を正確に設定する必要がある。次年度に商品の販売単価を上げる場合には、それによる販売数量の減少の動きも漏れなく予算書に反映させなければならない。

売上予算の編成

　予算編成方針で目標売上高が決まると、営業担当者ごとに販売予算と販売計画書が作成され、予算損益計算書に売上高が記入される。予算損益計算書に記入される売上予算は、目標売上と整合させる必要がある。

》営業担当者Aの販売予算書

得意先	C社				
期間	2023年度実績		2024年度予想		
決済条件	月末締翌月末振込入金				
平均単価	1,000円		1,200円		
販売月	販売数量 B商品(個)	販売金額 (千円)	販売数量 B商品(個)	販売金額 (千円)	備考
4月	1,500	1,500	1,350	1,620	値上による前期比10% の販売数量減少を見込む
5月	1,700	1,700	1,530	1,836	同上
6月	2,900	2,900	2,610	3,132	同上
～略～					
2月	1,720	1,720	1,548	1,858	同上
3月	1,850	1,850	1,665	1,998	同上
合計	24,600	24,600	22,140	26,568	

営業担当者Aは得意先C社に対して、B商品の20%の値上げを考えており、このためC社に対する販売数量は10%減少するものと見込んでいる。

※計算・表記の簡略化のため単位未満を四捨五入しています。

》販売計画書と予算損益計算書

販売計画書(B商品)

販売月	B商品	
	販売数量 (個)	販売金額 (千円)
4月	13,000	15,600
5月	18,000	21,600
6月	28,000	33,600
～略～		
2月	18,000	21,600
3月	17,000	20,400
合計	200,000	240,000

予算損益計算書

科目	予算	備考
売上高	300,000	予算編成方針の目標 売上と一致している
商品A	60,000	販売計画書より転記
商品B	240,000	販売計画書より転記

(単位：千円)

※B商品の販売計画書は、Aを含む複数の営業担当者の販売予算書の合計である

B商品の予算損益計算書と販売計画書の売上高は240,000千円で整合しています

73

販管費・人件費の予算

POINT
- 計画書の数字は予算損益計算書に転記する
- 販管費は当期実績を叩いて次年度予算を設定する
- 人件費計画書は社員1人ずつ計算して記入する

計画書は予算編成のタイミングで作成

　予算編成のタイミングでは、**中期経営計画や次年度の行動計画に基づき、営業費計画書、管理費計画書、人件費計画書が作成されます**。

　営業費計画書や管理費計画書は、当年度の実績予想損益計算書の営業費や管理費を参考に、次年度において必要な費用を積上げて集計した販管費の予算資料です。計画書には、まず、損益計算書の営業費、管理費の詳細を科目別に分類して、当期の実績予想を記入していきます。次に、目標削減率を設定して、**営業活動に直接的に関わっていない無駄なコストは、次年度予算からは極力取り除いていきます**。営業費、管理費は詳細ごとに削減目標を設定して、次年度予算を叩いていきますが、次年度の営業費、管理費予算が予算編成方針の削減目標をクリアしているかは、最終的に確認が必要です。削減目標をクリアしていることを確認したら、勘定科目ごとの集計額を予算損益計算書に記入していきます。

人件費の予算資料として計画書を作成する

　人件費計画書は、**次年度の役員や従業員の増減を予測して、次年度の役員報酬や給与などを計算した、人件費の予算資料**になります。

　人件費計画書には、次年度の人員計画に基づき、役員報酬を含む給与の予算額を記入していきます。給与以外でも賞与、通勤費、法定福利費、退職金を記入する必要があり、全員分を各々見積もって、記入します。計算と記入が終わったら、勘定科目ごとの集計額を予算損益計算書に記入していきます。

用語解説 勘定科目　発生した取引を性質ごとに分類して、帳簿に記録するための分類項目のこと。取引があると収益や費用が発生する。また、取引によって資産や負債や資本も動くことになる。

販管費・人件費の予算編成プロセス

営業費計画書・管理費計画書(販管費)・人件費計画書(人件費)は、次年度の予算資料である。計画書に記載された数値情報は、予算損益計算書に転記する。

予算編成のプロセス

営業費計画書に記載された月次営業費が年度末に未払いで残る場合には、予算貸借対照表に未払金として記入される。

管理費計画書

(単位：千円)

科目	詳細	当期実績	目標削減率	時期予算額	次期行動目標
水道光熱費	小計	2,600	17%減	2,150	
	電気料金	2,000	20%減	1,600	省エネ
	水道料金	600		550	節水
通信費	小計	2,600	8%減	2,400	
	電話料金	1,000		1,000	DXの推進による
	郵送料	600		600	DXの推進による
	インターネット	1,000	20%減	800	保守費用下げる
消耗品費	小計	1,200	9%減	1,100	
	コピー代	500		500	物価高で相殺
	文具代	200		200	物価高で相殺
	備品代	500	20%減	400	中古品の活用
賃借料	小計	9,000	19%減	7,300	
	本社ビル賃貸	8,000	20%減	6,500	賃料値下交渉
	リース料	1,000	20%減	800	1件契約解除
合計		15,400	16%減	12,950	

管理費予算が予算編成方針の削減目標をクリアしているかどうかは確認が必要。もしも予算編成方針の目標削減率が20%の場合、上記の削減率16%では未達なので再考が必要となる。

予実管理報告書

- 予実管理は毎月実施して予算の進捗管理を行う
- 予算差異は実績か予算の設定に無理があると生じる
- 年間の予実管理は実績予想数値と予算の比較を行う

月次で予算と実績を比較して進捗管理を行う

　前年度に設定した損益予算は、次年度に入り実績が発生したら、**月次で予算と実績を比較して部門別と会社全体の予実管理報告書を作成**します。そして、月次の取締役会に報告し、進捗管理を行います。

　月次の予実管理報告書には、**単月ベースと累計ベースの予算と実績の情報を記載して予実分析を行います**。月次の予算金額は、月次予算損益計算書から転記します。一方、月次の実績金額は、まず、月次実績損益計算書から転記しますが、残高試算表からも転記することができます。単月ベースと累計ベースで予実管理を行うのは、月次の行動分析や、月ごとの進捗確認を行うためです。

　予算差異の原因は、**特定して対応策を考案する**必要があります。予算差異の原因は、**実績に起因するものと予算に起因するもの**に区別されます。実績に起因して発生した予算差異は、活動に改善の余地があるため、次月以降の対応策を予実管理報告書に記載します。一方、予算に起因して発生した予算差異は、そもそも**達成困難な目標を設定している可能性**があります。差異の原因と対応策は、丁寧に予実管理報告書に記載して、数字の改善につなげます。

年次予実管理

　月次の分析をまとめた**年間の予実管理の結果は、次年度の予算編成方針の作成前に報告**します。4月〜12月までの実績数値と1月〜3月までの予測値を合算して実績予想数値を算出し、年間予算との比較を行います。

用語解説 月次損益計算書　会計期間を、1年間でなく1ヶ月ごとに区切って作成する損益計算書のこと。直近の業績を確認することが可能となり、銀行融資の際などに活用できるメリットがある。

月次と年次の予実管理

基本は月次で予実管理を実施していく。月次の予実管理を集計した年間の予実管理報告書は、次年度の予算編成の開始前に作成され、予算作成や業務改善に活用される。

≫ 月次（2023年7月）の予算管理報告書～3月決算会社～

（単位：千円）

予算科目	2023年度		7月単月			
	前期実績	予算	予算	実績	予算差異	差異率
売上高	250,000	265,000	20,000	18,500	−1,500	約−8％
			7月累計			
			予算	実績	予算差異	差異率
			90,000	80,000	−10,000	約−11％

予算科目	差異原因・対応策
売上高	**差異原因（単月・累計）** 製品Bの単価引き上げによって、予想以上に販売数量が落ち込んでいることが主たる原因。 **対応策（単月・累計）** 単価増加を許容する得意先も一定数あるため、そのような顧客層の新規開拓により予算差異を補う。

予算と実績の差異分析は、単月と累計で実施することで、月次の行動分析や、月ごとの進捗確認を行うことができる。

≫ 年間の予実管理報告書（2023年度）

（単位：千円）

科目	2024年3月期実績予想残高	2024年3月期の当初予算	予算差異	予算差異率	分析結果
売上高	240,000	265,000	△25,000	△9％	商品Aの競業が激しくなり、平均販売単価が下落したため。

予実管理報告書の実績予想残高には4月～12月までの実績数字を反映させることによって、当初予算を着地見込の高い金額に修正する。

┃ PLUS 1

予実管理の目的は、予算と実績の差異がどこから生じたかを徹底的に分析して行動や予算などの軌道修正を行うことで、これにより会社利益の改善が見込まれます。一方で、細かい差異を分析すること自体を目的化してしまったり予算にこだわりすぎてしまったりした結果、従業員に過度な負担を要求し、社員を疲弊させてしまうこともあるため注意が必要です。

着地予想報告書

POINT

- 月次で着地予想の数字を更新していく
- 当初予算が実績と乖離する場合には予算を修正する
- 月次の予算管理には月次予算損益計算書を活用する

修正予算を用いて質の高い着地情報を把握する

　月次予算損益計算書は、経過月は予算数値から実績数値に、未経過月は予算数値から実績予想数値に置き換えられて、**当期着地予想報告書として、月次の取締役会に提出**されます。

　例えば、当期の4月〜7月までの売上実績が当初予算よりも10％程度減少しており、8月以降も同様で推移すると見込まれる場合には、月次の売上予算×90％で計算して、月次の売上予算を補正します。

　8月以降の売上高を当初予算のままで据え置くよりも、4月〜7月の実勢を踏まえた修正予算を用いたほうが、経営者は、**精度の高い着地情報を把握**することができます。

月次予算損益計算書は年間予算額と一致するように調整する

　次年度の損益予算を月次で進捗管理するためには、月次予算損益計算書を活用します。

　月次予算損益計算書に記載する各月の売上高は販売計画書から転記します。また、**費用は変動費と固定費に区分して転記**していきます。商品売上原価や販売手数料などの変動費は月次販売数量×変動単価となるように転記していき、人件費や管理費などの固定費は、年間予算額を12ヶ月で割った金額を、月次費用として転記していくことになります。最後に、合計金額は、年間予算額と一致するように端数を調整します。

MEMO 予実管理報告書、当期着地予想報告書は、会社のタイムリーな情報であり重要機密資料。月次の取締役会に提出され、報告される。

月次の予算管理

月次予算損益計算書を使用すれば、月次予算の進捗管理を行うことが可能となる。着地予想報告書は月次予算損益計算書の予算数字を実績数字に置き換えていくことで更新していく。

》 月次損益計算書（2023年度当初予算）

（単位：千円）

科目	第1四半期（1Q）				第2四半期（2Q）	
	4月	5月	6月	1Q計	7月	8月
売上高	18,000	19,000	35,000	72,000	18,000	22,000
売上原価	12,600	13,300	24,500	50,400	12,600	15,400
売上総利益	5,400	5,700	10,500	21,600	5,400	6,600
売上総利益率	30%	30%	30%	30%	30%	30%
【販売費及び一般管理費】	4,270	4,458	5,711	14,439	4,270	4,834
営業利益	1,130	1,242	4,789	7,161	1,130	1,766
営業利益率	6%	7%	14%	10%	6%	8%
【営業外収益】	12	12	12	36	12	12
【営業外費用】	96	96	96	288	96	96
経常利益	1,046	1,158	4,705	6,909	1,046	1,682
経常利益率	6%	6%	13%	10%	6%	8%
税引前当期純利益	1,046	1,158	4,717	6,921	1,046	1,694
税引前当期純利益率	6%	6%	13%	10%	6%	8%
法人税				0		
当期純利益	1,046	1,158	4,717	6,921	1,046	1,694
当期純利益率	6%	6%	13%	10%	6%	8%

月次の実績が発生して、更新修正する前の、最初に設定した月次予算書は上記のとおりである。

》 2023年7月の着地予想報告書（売上）

（単位：千円）

2023年7月	4月	5月	6月	7月	8月	9月	10月
予算科目	実績 17,000	実績 15,000	実績 32,000	実績 17,000	当初予算 22,000	当初予算 23,500	当初予算 26,000
売　上	実績 17,000	実績 15,000	実績 32,000	実績 17,000	修正予算 19,800	修正予算 21,150	修正予算 23,400

11月	12月	1月	2月	3月	累計 （着地見込）	当初予算	差異	差異率
当初予算 25,000	当初予算 22,000	当初予算 23,000	当初予算 21,000	当初予算 22,500	当初予算＋実績 266,000	300,000	△34,000	△11%
修正予算 22,500	修正予算 19,800	修正予算 20,700	修正予算 18,900	修正予算 20,250	修正予算 247,500	300,000	△52,500	△18%

8月以降も10%程度の売上高の減少が見込まれるため、当初予算×90%で修正して着地見込を計算しています

COLUMN

┃ 連結予算 ┃

　親会社と子会社や関連会社などのグループ会社をまとめて、1つの財務諸表を作成するケースがあります。この、グループ全体の財務諸表のことを連結財務諸表といいます。上場企業は作成する義務がありますが、非上場企業の場合、義務づけられていません。ただし、経営判断の材料としてや、銀行など外部からの信頼が獲得できるなどのメリットがある場合、非上場企業でも作成することがあります。

　連結財務諸表を作成するにあたっては、まずは連結予算財務諸表を作成します。連結予算編成の流れは、各社単体の予算財務諸表を作成する場合と変わりはなく、連結予算編成方針を定めて、それと整合する次年度の予算連結貸借対照表、予算連結損益計算書、予算連結キャッシュ・フロー計算書を作成します。作成した次年度の連結予算は、次年度の開始前までには取締役会の承認を受けることになります。

　上場企業の場合には、決算発表の際に次年度の連結業績予想を公表しなければなりません。また、公表した業績予想と実績が大きくずれることを把握した場合には、速やかに修正の公表が求められます。連結予算財務諸表は、経営者が達成を望む目標を設定する必要がありますが、連結予算財務諸表は、公表用の業績予想の基礎となるために、達成可能性の高い目標である必要があります。

PART 4

原価管理のための管理会計

原価とは製造のためにかかる費用のこと。コスト削減や製品の価格決定などの意思決定には、原価計算が必須です。管理会計によって出された原価は予算作成や予実管理などにも利用され、会社の経営に役立てられます。

原価計算を行う

- コストは費目別、部門別、製品別の3つのステップ で計算する
- 最終的には製品1個あたりの原価を計算する

コストを計算するための3つのステップ

　工場で発生するコストは、**費目別原価計算、部門別原価計算、製品別原価計算の3つの計算ステップ**を経て算出されます。

　費目別原価計算では、**工場で発生する費用を材料費、労務費、経費の形態別に分類**し、さらに直接費、間接費を加味した形に分けて、直接材料費、直接労務費、直接経費と、間接材料費、間接労務費、間接経費としてそれぞれ集計します。

部門別原価計算では各原価を発生部門ごとにさらに分類

　工場では、製品の加工・組立などを行う製造部門と製造部門の活動を支援する補助部門に大きく分類されます。最初のステップで費目別に集計された材料費、労務費、経費の各原価を、それが発生した場所ごとにさらに分類して集計します。

　部門別原価計算は、製造直接費(直接材料費、直接労務費、直接経費)と製造間接費(部門個別費と部門共通費)に分けて集計します。また、**補助部門に集計された原価は関係する製造部門に配賦して、製造部門に集計**します。

製品1個あたりの製造原価を求める製品別原価計算

　部門別に集計した原価を**各部門における製品ごとに集計して、最終的に製品1個あたりの製造原価を求めることを製品別原価計算**といいます。計算された製品原価の情報は、財務諸表を作成するために必要な情報となるだけでなく、会社における原価管理や利益管理のために有用な情報を提供することになります。

用語解説 配賦　複数部署にまたがって発生する製造間接費を、一定の基準によって割当処理を行うこと。製造間接費を製造部門に割り当てる際や、製造部門から製品に割り当てる際に行う。

製品ごとの単位あたりの原価を正確に求める

　原価計算は、財務会計の目的だけでなく、管理会計の目的でも行われる。管理会計目的で行われる原価計算においては、製品単位あたりの原価を正確に求めることが重要な目標となる。

財務会計と原価計算

損益計算書（財務会計）	
	（単位：百万円）
売上高	1,000
売上原価	
材料費	360
労務費	120
経　費	90
合計	570
売上総利益	430
販売費及び一般管理費	
給　料	100
地代家賃	40
減価償却費	100
合計	240
営業利益	190

原価計算（管理会計）	
製品Aの原価	235
材料費	150
労務費	45
経費	40

製品Bの原価	190
材料費	120
労務費	40
経費	30

製品Cの原価	145
材料費	90
労務費	35
経費	20

製品AとBとCの原価の合計	570
材料費合計	360
労務費合計	120
経費合計	90

財務会計と原価計算はそれぞれ計算制度が異なるため、別々に計算される。ただし、原価計算結果で求めた製品原価の情報は、財務会計に反映される。

原価計算プロセス

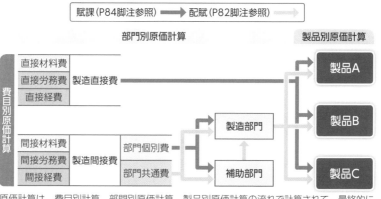

原価計算は、費目別計算、部門別原価計算、製品別原価計算の流れで計算されて、最終的に製品ごとの単位あたりの原価を求める。

原価計算
個別原価計算

- 個別原価計算では案件ごとに原価の集計が可能
- 少量生産や受注生産をする形態に適している
- 正確な原価計算が可能だが、計算に手間がかかる

個別原価計算では最終的に製品全体の原価を計算する

個別原価計算とは、材料や作業内容を指定した**製造指図書ごとに原価を集計する原価計算の方法のこと**で、製品別原価計算における計算方法の1つです。業種によっては、受注する案件ごとに原価が異なるため、正確な算出が求められます。船舶の製造など特注機械の受注製造を行う企業や、建設業などプロジェクトごとに原価が異なる企業などに適した原価計算手法とされています。

企業が受注して製造を開始すると、製造指図書が発行され、製品から個別に発生した製造直接費(直接材料費、直接労務費、直接経費)が賦課されます。一方、複数の製品から共通して発生した製造間接費は、直接作業時間、機械稼働時間など一定の基準によって各製造指図書に配賦されます。このようにして**製造指図書ごとに製造直接費や製造間接費を集計し、製品全体の原価を計算**します。

個別原価計算のメリットとデメリット

個別原価計算を用いるメリットは、正確な原価を算出することができる点です。**正確な原価がわかると損益分岐点が明確になり、案件ごとの利益の予測も可能**になります。案件ごとに原価を把握できれば、赤字案件の特定が可能になるうえ、案件ごとに削減可能なコストが何か、ヒントを得ることもできます。

一方で、個別原価計算を採用する場合には、製造指図書ごとに正確に原価を計算する必要があるため、厳格なルールが必要になり、また、時間がかかるなどのデメリットもあります。

用語解説 賦課 特定の製品や製造指図書に原価を割り当てること。製品原価を正確に計算するために、消費の対象となる製品を特定することができるものは直接その製品の原価とする。

製造指図書ごとの原価の集計

製造直接費は発生した製造指図書に賦課し、製造間接費は一定の基準で配賦して製品の製造原価を集計する。適した業種がうまく適用すれば多数のメリットがあるが、向かない業種やデメリットも存在する。

製造指図書別原価計算表

(単位：千円)

製造指図書 No.	製造指図書 001	製造指図書 002	製造指図書 003	合　計
直接材料費	2,000	2,000	5,000	9,000
直接労務費	1,500	3,000	4,500	9,000
直接経費	500	300	800	1,600
製造間接費	300	600	900	1,800
製造原価	4,300	5,900	11,200	21,400

※製造間接費は直接作業時間に基づき配賦計算を行っている。
製造指図書001、製造指図書002、製造指図書003の直接作業時間はそれぞれ150時間、300時間、450時間で、製造部門全体での直接作業時間は合計で900時間。

指図書における直接作業時間に対する製造間接費の配賦率を求めると以下のとおりとなる。
製造間接費の合計額1,800千円÷直接作業時間の合計900時間＝2千円／時間。

配賦率である2千円／時間を各製造指図書の直接作業時間に掛け算すると、各製造指図書への製造間接費の配賦額はそれぞれ300千円(製造指図書001)、600千円(製造指図書002)、900千円(製造指図書003)となる。

個別原価計算のメリットとデメリット

メリット	デメリット
●案件ごとに正確な原価計算 ●受注生産企業が得意 ●損益分岐点が明確 ●赤字案件の特定が可能 ●利益改善のヒントの入手が可能 ●類似品の原価の予測が可能 ●類似品に適切な価格設定が可能	●計算の手間がかかる ●見込生産企業は苦手 ●計算ルールの設定が必要

原価計算
総合原価計算①

POINT
- 総合原価計算とは同種製品をまとめて計算する方法
- 大量生産や見込生産をする形態に適している
- 大量の製品をまとめて計算するため正確性に欠ける

総合原価計算は大量生産の製品全体をまとめて計算

　総合原価計算は、**一定の期間(通常は1ヶ月)に発生した製品原価の合計をその期間に生産された数量で除することによって、製品の単位原価を計算する**方法です。受注生産を得意とする個別原価計算と異なり、総合原価計算は市場の動きを予測しながら規格品を大量に見込生産する企業に適した原価計算手法とされています。また、一つの製品ごとに原価を集計するのではなく、同種製品ごとに原価(直接材料費+加工費)をまとめて集計して、簡便的に原価計算を実施してしまう点に特徴があります。

総合原価計算のメリットとデメリット

　総合原価計算を用いるメリットは、**原価計算の手間を削減できる**点です。例えば、自動車メーカーのように大量生産を行う企業では、生産される製品を一個ずつ個別に原価計算を行うとなると、膨大な時間が必要となります。このような**連続・反復的な生産に総合原価計算を適用すれば、同種製品はまとめて原価計算される**ため、簡便になります。

　一方で、**総合原価計算を採用する場合には、正確な原価が把握できません。**なぜなら、個別原価計算のように製品ごとに原価を集計するのではなく、複数の製品をまとめて計算を行っているからです。また、総合原価計算では、製品原価の計算を1ヶ月などの**一定期間のタイミングで行うため、何らかの原因で異常な原価が発生しても、タイムリーに把握できない**というデメリットもあります。

MEMO▶ 総合原価計算では、製造原価を直接材料費と加工費に分類して原価計算を行う。加工費とは直接材料費以外の直接労務費、直接経費、製造間接費をまとめたものをいう。

製品別原価計算の計算方法

原価計算の目的は、製品1個あたりの原価を計算することである。原価計算のプロセスの最後のステップに製品別原価計算があり、総合原価計算は製品別原価計算における1つの計算方法である。

原価計算の手順と製品別原価計算

1 費目別原価計算 >>> **2 部門別原価計算** >>> **3 製品別原価計算**

形態別分類
材料費
労務費
経費

機能別分類
直接費
間接費

製造部門
部門個別費の賦課
部門共通費の配賦
補助部門費の配賦

個別原価計算➡P84

総合原価計算

原価計算は費目別原価計算、部門別原価計算、製品別原価計算の手順で進みます。製品別原価計算の計算方法として個別原価計算、総合原価計算があります。

総合原価計算の原価の分類

	製造直接費	製造間接費
材料費	直接材料費	間接材料費
労務費	直接労務費	間接労務費
経　費	直接経費	間接経費

費目は左の表のようになりますが、総合原価計算では、直接材料費以外はすべて「加工費」としてまとめて計算します

PLUS 1

　前述のとおり、総合原価計算では、直接材料費と加工費で原価計算を行います。直接材料費は、工場における工程の始点で100%投入されるのに対して、直接材料費以外の加工費は加工作業に伴い徐々に投入されるため、両者の原価発生のタイミングは異なります。連続大量生産品の計算に適用する総合原価計算は、なるべく計算を簡便化するために、このような原価の性質の違いに最低限配慮して、あとはなるべく簡便に計算する仕組みを採用しています。

原価計算
総合原価計算②

POINT

- 総合原価計算では、総製造費用を集計し、それを完成品原価と仕掛品原価に配分計算する
- 直接材料費と加工費は別々にして計算を行う

総製造費用を配分計算する

　総合原価計算では、原価計算期間(1ヶ月など)において発生した**直接材料費や直接労務費や製造間接費を総製造費用として集計**して、それを完成品原価と仕掛品原価(未完成品)に配分計算します。

　電子部品を製造するA社において、ある月の製造費用2,800万円の内、直接材料費が1,000万円、直接労務費が1,000万円、製造間接費が800万円であり、完成品は800個、月末仕掛品は200個(進捗度は50%)でした。

加工費は費用負担の進捗度を考慮する

　加工費(直接労務費+製造間接費)は製品製造の工程を通じて徐々に発生するため、費用負担の進捗度を考慮する必要があります。設例では、月末仕掛品200個の進捗度は50%であるため、完成品(進捗度100%)に数量で換算すると200個×50%=100個と計算されます。これを完成品換算数量といいます。

　当月は完成品800個と月末仕掛品200個を製造したため、1,000個分の材料を投入しています。よって、直接材料費1,000万円÷1,000個×完成品800個で完成品原価は800万円。ただし、完成品換算数量ベースでは、月末仕掛品100個を製造したため、加工費は900個分となり、加工費1,800万円(直接労務費1,000万円+製造間接費800万円)÷900個×完成品800個で、完成品原価は1,600万円です。A社では、電子部品800個を完成させるために、直接材料費800万円+加工費1,600万円=2,400万円がかかった計算になります。

用語解説 進捗度　総合原価計算における加工費の進捗度は、物理的な完成度ではなく、加工に伴う費用の負担割合のことをいう。

ある企業の総合原価計算の例

直接材料費1,000万円、直接労務費1,000万円、製造間接費800万円。当月期首の仕掛品はなく、当月の完成品は800個で月末仕掛品は200個(進捗度は50%)。このケースで完成品原価の計算を行う。

≫ 直接材料費の計算

仕掛品(直接材料費)

直接材料費
1,000万円

当月投入量
1,000個

当月完成品
800個

800万円
※1,000万円÷1,000個×800個

月末仕掛品
200個

200万円
※1,000万円÷1,000個×200個

当月に発生した直接材料費を、完成品800個と月末仕掛品200個に配分して計算を行う。直接材料費の当月完成品原価は800万円、月末仕掛品原価は200万円と計算される。

≫ 加工費の計算

仕掛品(加工費)

直接労務費
1,000万円

製造間接費
800万円

当月投入量
900個

当月完成品
800個

1,600万円
※1,800万円÷900個×800個

月末仕掛品
100個

200万円
※1,800万円÷900個×100個

当月に発生した加工費を完成品800個と月末仕掛品100個(完成品換算数量)に配分計算を行う。加工費の当月完成品原価は1,600万円、月末仕掛品原価は200万円と計算される。

当月に電子部品800個を完成させるために、直接材料費800万円と加工費1,600万円を足した2,400万円がかかっている計算になります

原価計算
実際原価計算と標準原価計算

POINT
- 実際原価計算と標準原価計算はそれぞれ強みがある
- 実際原価計算は正確な原価計算が可能
- 原価管理には標準原価計算が有用

正確な計算が可能な実際原価計算

　実際原価計算とは、実際に発生した材料費や加工費を集計して完成品原価を求める方法をいいます。実際に発生した価格と数量に基づいて完成品原価を求めることができるため、財務諸表の作成に利用可能な正確な製品原価を算定することができます。一方で、原価管理の目線からは、**実際原価からは有用な情報を得ることができません。**実際原価には、予期しえない管理不能な要素による予想外の原価の増減が含まれる場合があるからです。また、実際に発生した原価を集計した結果に過ぎないところが実際原価計算の限界です。**基準となる原価との比較によってはじめて原価管理への結論を導くことができます。**

原価管理に有用な標準原価計算制度

　一方、**標準原価計算とは、製品に対して標準消費量と標準価格を定め、標準原価を設定して製品原価を計算する方法**です。計算された標準原価と実際原価との比較を行うことで、どれだけロスが生じたのか、そのロスの原因は何かといったことを分析し、原価管理に役立つ情報の提供を目的として考案されました。

　標準原価計算には原価管理に役立つだけでなく、計算や記帳の簡略化や迅速化が得られるというメリットもあります。実際原価計算では、毎月、製品原価を計算する必要があり、帳簿記帳は計算終了後になるのに対して、**標準原価計算は、会計年度のはじめに標準原価を設定して、完成品の原価などを求めておくことができる**のです。

MEMO 標準原価計算は、規格化された製品の原価管理に向いているが、少量多品種生産の場合には、標準原価を見直す頻度が増え、原価差異の分析に時間がかかるというデメリットがある。

実際原価計算と標準原価計算の計算方法

　将来予定している価格(予定価格)に「能率の尺度」や「目標」の数字が追加されたものを標準価格という。受注品、少量品を計算対象としている実際原価計算に対し、大量品を扱う総合原価計算の場合、標準原価計算を採用することが多い。

≫ 実際原価計算と標準原価計算の区別

価格 (材料単価、賃率、配賦率)	消費量 (材料消費量、作業時間、操業度)	
実際価格	実際消費量	➡ **実際原価計算**
予定価格	実際消費量	➡ **実際原価計算**
標準価格	標準消費量	➡ **標準原価計算**

労務費について、予定賃率×実際作業時間で計算を行った場合も、実際原価計算になります

≫ 計算方法との関係図

個別原価計算

受注生産、少量多品種に適した計算方法
(注文住宅など)
➡**主に実際原価計算**

予定価格、予定賃率、予定配賦率を使用する場合があるが、実際原価計算に該当する。

総合原価計算

見込生産、大量生産に適した計算方法
(生活雑貨など)
➡**①実際原価計算**
➡**②標準原価計算**

実際価格(予定価格)×実際消費量を用いて計算する場合は①、標準価格×標準消費量を用いて計算する場合は②となる。

原価計算
原価標準の設定

POINT

- 標準原価は科学的裏づけによって設定した目標原価
- 直接材料費、直接労務費は変動費
- 製造間接費には固定費も含まれる

直接材料費、直接労務費および製造間接費の標準原価

標準原価は、**原価の発生前に定めた適切な目標数値を、集計した実際原価と比較**して定めたもので、これを使って原価管理をします。そのため、過去の実績やデータに基づいて信頼性の高い目標数値を設定することが大切です。

標準原価計算を始める前に、まずは、直接材料費、直接労務費、製造間接費の目標値である原価標準（製品単位あたりの標準原価）を設定します。技術部、設計部などが作成した標準仕様書などの参考情報に基づいて、製品1単位を製造するための標準消費量に材料の標準価格を掛けて計算し、直接材料費の原価標準を設定します。標準消費量は仕損（失敗）などの消費余裕分を含めて設定し、標準価格には過去の実績に基づく正常な価格や今年度の購買見込の価格などを使用します。直接労務費の原価標準は、製品1単位を製造するための標準直接作業時間に標準賃率を掛けることによって求めます。標準直接作業時間や標準賃率も過去の実績や科学的なデータなどに基づいて目標数値を決定します。

さて、製造間接費の原価標準ですが、製品1単位を製造するための標準直接作業時間に標準配賦率を掛けて求めます。標準配賦率は製造間接費の予算額をその月の直接作業時間で除すことによって求めます。製造間接費には、**水道光熱費や燃料など操業によって変動する費用**と、**機械の減価償却費のように操業にかかわらず毎月ほぼ一定額発生する固定費が存在**します。予算の設定方法には、**操業度ごとの予算の動きを考慮した変動予算**と、**操業度に関係なく常に一定の予算を設定する固定予算の方法**があります。

用語解説 基準操業度　直接作業時間、機械稼働時間のほか、直接材料費、直接原価（工事直接費）、請負金額や完成工事高などの売価を用いるケースもある。

原価管理と予算

　標準直接材料費、標準直接労務費、標準製造間接費は、標準原価カードにまとめておけば、実績値の差異が生じた原因を分析でき、原価管理に役立つ。また、製造間接費の予算は変動予算と固定予算の設定方法がある。

》標準原価カード

原価標準は、会計年度開始前に設定され、標準原価カードに記載される。標準原価カードを関係部署に指示することにより、原価目標の達成を促すことができる。

》変動予算と固定予算

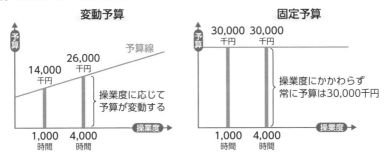

4,000時間が基準操業度である場合、標準配賦率は、変動予算では@6,500円(26,000千円÷4,000時間)、固定予算では@7,500円(30,000千円÷4,000時間)と計算される。

+ PLUS 1

　工場では、製造したすべての製品が合格品となるわけではなく、製造途中に加工に失敗して不合格品となることもあります。このような、加工時の失敗のことを仕損といい、仕損によって生じた失敗作のことを仕損品といいます。どんなに工程の改善を行っても、一定程度で仕損の発生が不可避の場合、仕損発生の余裕分を考慮して標準原価を設定することが望ましいといえます。

原価計算
直接材料費差異の分析

POINT
- 原価要素ごとに原価差異の分析を行う
- 原価差異＝標準原価－実際原価
- 原価差異は価格と数量の2つの側面から分析される

原価差異は要素別に分析される

　原価標準が設定されると、標準原価計算を行うことができます。標準原価計算においても、製品製造後は、**実際に発生した製造原価を集計**することになります。この、あらかじめ計算された**標準原価と製造原価との間に発生する差額のこと**を原価差異といいます。原価差異は、直接材料費、直接労務費、製造間接費ごとの**原価要素別に分析**されます。また、原価要素ごとの原価差異は**価格と数量の2つの側面**に分けて分析が行われます。

直接材料費の差異分析は価格と数量に分けて分析される

　直接材料費の原価差異も他と同様に、材料ごとに価格差異と消費数量の差異（消費量差異）に分けて分析が行われます。このとき、価格差異、消費量差異が**プラスの値で計算されることを有利差異**といい、直接材料費が目標の価格や目標の消費数量よりも少なく済んだ状況を指します。これに対して、価格差異、消費量差異が**マイナスの値で計算されることを不利差異**といい、直接材料費が目標の価格や目標の消費数量よりも多くかかってしまった状況を指します。

　原価差異分析によれば、例えば、直接材料費は全体としては有利差異であっても、分解して分析すると価格差異は有利差異、消費量差異は不利差異として計算される場合などがあります。このことは、当年度は、材料価格の下落によってたまたま恩恵を得られたものの、工場の材料消費にはまだまだ無駄があり、改善の余地がある状況を示している可能性があります。

MEMO　直接材料費の価格差異の情報は購買部門に、消費量差異の情報は工場にフィードバックされて、次年度以降の原価管理に役立てていくことになる。

直接材料費の原価差異分析

　直接材料費差異は、直接材料費の標準原価と実際原価との差異を価格差異と消費量差異に分解して分析が行われる。

》 直接材料費の原価差異分析

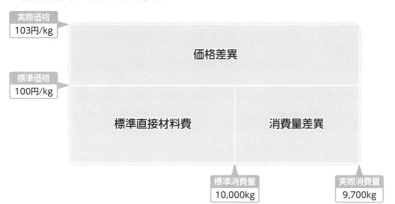

| 実際価格 103円/kg |
| 標準価格 100円/kg |

価格差異

標準直接材料費　　消費量差異

| 標準消費量 10,000kg |
| 実際消費量 9,700kg |

価格差異と消費量差異の計算式は、それぞれ
価格差異＝(標準価格－実際価格)×実際消費量
消費量差異＝(標準消費量－実際消費量)×標準価格
となります

》 原価要素と差異分析

原価要素	単価から発生する差異	数量や時間から発生する差異
直接材料費	価格差異	消費量差異
直接労務費	賃率差異	作業時間差異
製造間接費	予算差異	操業度差異、能率差異

単価から発生する差異は市場の動向などが原因であったりするため、管理不能な差異としての性質がある。これに対して、数量や時間から発生する差異は工場の無駄が原因であることが多く、管理可能な差異といわれる。

原価計算
直接労務費差異の分析

POINT

- 賃率差異と作業時間差異に分解可能
- 賃率差異は標準賃率と実際賃率の差
- 作業時間差異は標準作業時間と実際作業時間の差

直接労務費は管理単位ごとに差異を分析する

直接労務費の原価差異は、製造部門や作業などの**管理単位ごとに賃率差異と作業時間差異に分けて分析**が行われます。**賃率差異とは、製品製造に従事する従業員の標準賃率と実際にかかった賃率が異なることによって発生する差異**のことをいいます。一方、作業時間差異とは、**標準作業時間と実際作業時間が異なることによって発生する差異**のことです。

直接労務費差異を具体的に計算する

例えば、ある電子部品Aを1個製造する際に、直接労務費の標準賃率は1,800円/時間で標準作業時間は0.8時間/個かかるとします。1ヶ月の間に電子部品Aを1,000個製造した場合に、実際賃率が1,750円/時間で実際作業時間が950時間であった場合、直接労務費の原価差異(賃率差異と作業時間差異)はそれぞれいくらで計算されるでしょうか。

まず、賃率差異は、(標準賃率1,800円/時間−実際賃率1,750円/時間)×実際作業時間950時間=47,500円(有利差異)です。電子部品Aを1,000個製造する際の標準作業時間は800時間(製造数量1,000個×製品1個あたりの標準作業時間0.8時間/個)なので、作業時間差異は、(標準作業時間800時間−実際作業時間950時間)×標準賃率1,800円/時間=−270,000円(不利差異)となります。**直接労務費全体の差異は、賃率差異と作業時間差異を合計**した−222,500円(不利差異)になります。

MEMO 賃率差異は市場の需給関係や予定外の工具の作業など通常管理不能な外部要因によって、作業時間差異は作業意欲や作業方法の良否など多くは管理可能な要因によって、それぞれ発生する。

直接労務費の原価差異分析

　直接労務費差異は、直接労務費の標準原価と実際原価との差異を賃率差異と作業時間差異に分解して分析を行う。

》 賃率差異と作業時間差異の分析

上記の設例で賃率差異と作業時間差異は以下のように計算される。
賃 率 差 異：47,500円(有利差異)＝(1,800円／時間−1,750円／時間)×950時間
作業時間差異：−270,000円(不利差異)＝(800時間−950時間)×1,800円／時間

》 歩留差異と能率差異(作業時間差異)

歩留差異は、製造中に材料が予想以上に目減りして、追加の材料投入に超過作業が生じた場合の管理不能な作業時間の差異。能率差異はそれを排除した純粋な作業能率の差異。

➕ PLUS 1

　製造過程において、投入材料が減損する場合、直接労務費の作業時間差異は、能率差異と歩留差異にさらに分析できます。例えば、10kgの完成品を製造するにあたり、標準的に2kg減損するとすれば、12kgの材料投入量が必要です。しかし、実際に製造してみると、3kgの減損が発生したので、13kgの材料投入が必要になりました。材料投入が多くなると追加の作業が必要となりますが、作業時間差異は、作業能率と無関係な減損の影響は純粋な能率差異とは区別すべきとの考え方があり、このような分析が行われることがあります。

原価計算
製造間接費の分析①

POINT
- 標準配賦率×標準操業度で計算
- 現実的で目標となる操業度を基準操業度とする
- 実際操業度、基準操業度、標準操業度は分析に用いる

基準操業度は不可避な条件も勘案する

標準操業度とは、目標数値である基準操業度に対して、**実際に完成した製品を作るのに必要な標準作業時間のこと**です。例えば、製品Aの標準原価を1個の製造に8時間の直接作業時間を要すると定めている場合、当月にA製品を1,000個製造した場合には、標準操業度は製造個数1,000個×標準直接作業時間8時間/個=8,000時間と計算されます。

標準原価計算において、**製造間接費は、あらかじめ定めた製造間接費の標準配賦率に製品製造の標準操業度を掛けることによって、標準配賦額を算出**できます。順番に説明すると、まず、製造間接費の標準配賦率は、製造間接費の予算額を基準操業度で割ることで求められます。操業度とは、工場の最大の生産能力に対する実際の利用割合のことで、直接作業時間や機械稼働時間などで表します。基準操業度は、完璧な状況において達成される操業水準を用いることが理想ですが、このような理論的生産能力の達成は現実的には不可能であるため、**景気変動の影響や不可避な停止時間などを織り込んだり、販売予測に基づく次の1年間に期待される操業水準を鑑みたりして採用する**ことが一般的です。

製造間接費の原価差異の分析

製造間接費の原価差異の分析では、**実際操業度と基準操業度と標準操業度における製造間接費配賦額を実際発生額と比較する**ことによって、能率の分析や生産能力の遊休の度合いなど、原価管理のための詳細な分析を行います。

MEMO 基準操業度の求め方には、理論的生産能力、実際的生産能力、平均操業度、期待実際操業度の4種類があるが、理論的生産能力は目標が厳しすぎるため、通常、採用されない。

原価差異の計算と操業度

計算された製造間接費の原価差異は、実際操業度、基準操業度、標準操業度の複数の操業度を用いて分析が行われる。

製造間接費の原価差異

予算額が8,000,000円で基準操業度が8,000時間の場合、標準配賦率は1,000円／時間、標準作業時間は8時間/個、製造間接費の実際発生額は8,150,000円であり、実際作業時間は8,100時間であった。

月初仕掛	0個
当月投入	1,000個
計	1,000個
月末仕掛	200個 (加工進捗度は50%)
完成品	800個

月末仕掛品の加工進捗度(50%)を考慮すると、当月投入量は900個に換算される。標準作業時間は、900個×8時間/個=7,200時間である。製造間接費の原価差異は、以下のとおりに求められる。

標準製造間接費7,200,000円−実際製造間接費8,150,000円=−950,000円(不利差異)

製造間接費の原価差異は、実際操業度、基準操業度、標準操業度を用いて詳細な分析が行われます

標準操業度(作業時間)の算定

月末仕掛品の加工進捗度を考慮すると、製造間接費を含む加工費の当月投入量は900個に換算される。「標準操業度(作業時間)」は加工費の当月投入量900個に標準作業時間8時間/個を乗じることによって、7,200時間と計算される。

加工費(製造間接費)の計算

月初仕掛 0個	完成品 800個
当月投入 900個	月末仕掛 100個

月末仕掛品の加工進捗度は50%なので、加工費の月末仕掛品の個数は200個×50%=100個と換算されます

設例における操業度のまとめ

操業度	時間	操業度の内容
基準操業度	8,000時間	予算上の操業度
標準操業度	7,200時間	実際に製造した製品個数にかかると見込まれる操業度
実際操業度	8,100時間	実際にかかった操業度

原価計算
製造間接費の分析②

POINT
- 固定予算は操業度にかかわらず一定であることが前提
- 変動予算は操業度の変化に応じた柔軟な予算
- 予算の設定方法によって差異分析の手法も異なる

固定予算は予算・能率・操業度の３つの側面で分析する

　前項で説明したように、製造間接費の標準配賦率は製造間接費の予算額を基準数量（操業度）で割りますが、予算には、**固定予算と変動予算の2つがある**ことを覚えておきましょう。

　固定予算は、製造間接費の予算額は操業度にかかわらず一定（固定費）と考える方法です。固定予算による差異分析では、実際操業度と基準操業度と標準操業度における製造間接費の配賦額を製造間接費の実際発生額と比較することによって、**予算差異、能率差異、操業度差異の3つに分けて**行います。

　まず、**予算差異は、固定予算額と実際発生額との差額のこと**で、製造間接費の実際発生額が固定の予算額とどれだけ乖離しているかを表します。

　次に、**能率差異は、標準操業度と実際操業度における標準製造間接費の差額**をいいます。標準との差額であるため、工場の能率を表します。

　操業度差異は、実際操業度における標準製造間接費と固定予算との差額です。工場がどれだけ遊休であるかを表します。

変動予算は操業度の変化の影響を大きく受ける

　変動予算は、操業度の変化に応じて設定される予算です。変動予算においても**製造間接費は、予算差異、能率差異、操業度差異の3つに分けて差異分析を行う**方法が一般的です。ただし、2つの差異に分けて分析する方法や4つの差異に分けて分析する方法もあります。

MEMO　変動予算の設定方法には、公式法変動予算と実査法変動予算の考え方があり、前者が一般的。公式法変動予算は、変動製造間接費の予算と固定製造間接費の予算を別々に設定する方法。

製造間接費の差異分析

製造間接費の予算の設定方法には、固定予算と変動予算の2つの方法が存在する。予算の設定方法の違いによって、製造間接費の差異分析の方法も変わってくる。

》 固定予算の差異分析

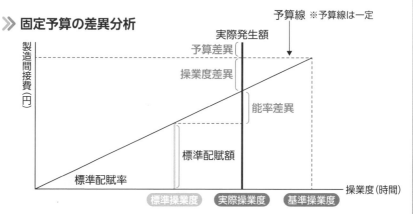

固定予算では予算額は一定であることを前提に、実際操業度と基準操業度と標準操業度の3つの操業度の差異から、予算差異、能率差異、操業度差異に分けて差異分析を行う。

》 変動予算の差異分析

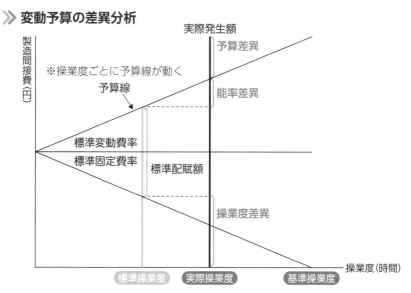

変動予算では予算線が操業度ごとに変動する。標準配賦率は変動費率と固定費率に分解して、能率差異は変動費率を用いて分析し、操業度差異は、固定費率を用いて分析を行う。

コストマネジメント
直接原価計算①

- 原価計算には全部原価計算と直接原価計算がある
- 売上と原価の関係を正確に把握できる
- 期間原価は原価計算せずにそのまま費用計上

直接原価計算では変動費だけで製品原価を求める

これまでは、製造にかかるすべての費用を**製品原価として計算する全部原価計算**の考え方を前提としてきました。これに対し、直接原価計算という方法があり、変動費だけで製品原価を求めます。

直接原価計算のメリットは、**売上と原価の関係を正確に把握できる**点にあります。例えば、固定費は売上に比例して発生する費用ではないため、固定費を製造原価に含めて計算をしてしまうと、売上に紐づいて発生する直接の原価を正確に把握できなくなってしまいます。また、全部原価計算では、製造間接費を製造原価とするため製造間接費の配賦計算を行いますが、配賦計算は直接作業時間などを基準に便宜的に計算を行うものであるため、必ずしも正確ではありません。

製品原価と期間原価

原価計算には、製品原価と期間原価という要素があります。**製品原価は各製品に紐づけて集計され、売上と対応させて費用計上**しますが、**期間原価は、一定期間に発生した費用をそのまま発生した期間の費用として処理**します。

例えば、全部原価計算では、変動費と固定費を製品原価として扱うため、材料費、人件費、消耗品費などの経費のすべてが製品原価の範囲になります。一方で、直接原価計算では、変動費のみを製品原価とするため、通常は材料費のみ製品原価として扱い、それ以外の費用は期間原価として処理します。

MEMO 変動費と固定費に分けて決算書を作成する直接原価計算は意思決定への応用も可能であり理想的な決算書。ただし、変動費と固定費の区別は難しく、制度会計としては採用されていない。

全部原価計算と直接原価計算の原価の範囲

全部原価計算と直接原価計算では、原価計算の対象とする原価の範囲が違うため、それぞれが作成する損益計算書の内容も異なる。

≫ 原価の範囲

計算方法	製品原価とするもの
全部原価計算	変動費・固定費(材料費、人件費、消耗品費などすべて)
直接原価計算	変動費のみ(材料費のみ)

全部原価計算では、材料費、人件費、経費のすべての製造原価を製品原価として計算を行うのに対して、直接原価計算では、材料費(変動費)のみを製品原価として計算を行う。

≫ 2種類の損益計算書

(単位:万円)

損益計算書(全部原価計算)

1 売上高		4,000
2 売上原価		2,400
売上総利益		1,600
3 販売費及び一般管理費		
販売費	600	
一般管理費	400	1,000
営業利益		600

(単位:万円)

損益計算書(直接原価計算)

1 売上高		4,000
2 変動売上原価		1,440
変動製造マージン		2,560
3 変動販売費		360
限界利益		2,200
4 固定費		
固定加工費	960	
固定販売費	240	
一般管理費	400	1,600
営業利益		600

全部原価計算では売上高から売上原価を差し引いて売上総利益を計算するのに対して、直接原価計算では売上高から変動売上原価と変動販売費を差し引いて限界利益を計算する。

PLUS 1

全部原価計算や直接原価計算は、原価計算基準にしたがった計算手法で、伝統的な原価計算と呼ばれます。原価計算基準は、昭和37(1962)年に制定されたもので、その後、一度も改訂されずに今日まで至っています。近年では、原価計算基準に囚われない新しいコストマネジメントの手法が考案されています。既存の設備や工程を所与とした能率管理に着目するのではなく、製品開発の上流の段階から柔軟に原価をデザインするような考え方です。

コストマネジメント
直接原価計算②

 POINT

- 全部原価計算と直接原価計算では営業利益が異なる
- 全部原価計算では労務費と経費は製品原価として計算
- 直接原価計算では労務費と経費は期間原価として計算

全部原価計算と直接原価計算における原価の違い

　全部原価計算による場合と直接原価計算による場合で、製品原価がどれだけ変わるか実際に計算してみましょう。

　例えば、ある工場のある月に、製品A(販売単価50,000円/個)の材料費と労務費と経費がそれぞれ1,000万円ずつ発生し、製品Aを1,000個製造して、800個を販売したとします。このケースにおいて、**計算方法の違いによる原価の違い**を考察します。

全部原価計算と直接原価計算では計算結果が異なる

　全部原価計算では、**材料費と労務費と経費のすべてを製品原価として計算**を行うためA製品1,000個の製品原価は3,000万円になります。この1,000個のうち800個が販売されており、売上原価は3,000万円÷1,000個×800個で2,400万円です。一方で、製品Aの1個あたりの販売単価は50,000円/個のため、売上高は4,000万円、営業利益は、1,600万円(=売上高4,000万円−売上原価2,400万円)となります。

　一方、直接原価計算では、**材料費を製品原価、労務費と経費を期間原価として計算**を行います。したがって、A製品1,000個の製品原価は1,000万円になり、800個が販売されているため、売上原価は800万円。また、労務費と経費は期間原価として計上されるため、営業利益は、1,200万円(=売上高4,000万円−材料費800万円−労務費と経費の合計2,000万円)となります。

MEMO 広告宣伝費、通信費、消耗品費などの販売費及び一般管理費も、期間原価として会計期間における発生額がそのまま費用として計上される。

全部原価計算と直接原価計算による損益計算

　全部原価計算では、材料費と労務費と経費のすべてを製品原価として計算を行うのに対して、直接原価計算では、材料費のみを製品原価として、労務費と経費を期間原価として計算を行う。

≫ 全部原価計算による損益計算

材料費 1,000万円		売上 800個	2,400万円 ※3,000万円÷1,000個×800個
労務費 1,000万円	製品原価 1,000個		
経費 1,000万円		月末製品 200個	600万円 ※3,000万円÷1,000個×200個

全部原価計算の損益

売上高	4,000万円
売上原価	2,400万円
営業利益(売上総利益)	1,600万円

当月に発生した材料費を、完成品800個と月末仕掛品200個に配分して計算を行う。材料費の当月完成品原価は800万円、月末仕掛品原価は200万円と計算される。

≫ 直接原価計算による損益計算

材料費 1,000万円	製品原価 1,000個	売上 800個	800万円 ※1,000万円÷1,000個×800個
		月末製品 200個	200万円 ※1,000万円÷1,000個×200個

労務費 1,000万円 経費 1,000万円	→	期間原価 2,000万円 ※1,000万円＋1,000万円

直接原価計算の損益

売上高	4,000万円
変動売上原価	800万円
限界利益	3,200万円
労務費・経費	2,000万円
営業利益(売上総利益)	1,200万円

コストマネジメント
直接原価計算③

- 生産数量＞販売数量では全部原価計算の利益が大きい
- 生産数量＜販売数量では直接原価計算の利益が大きい
- 生産数量＝販売数量では計算される営業利益は同じ

計算方法の違いによる営業利益の差

　さて、製造データ、販売データが同じ条件の場合、全部原価計算と直接原価計算で計算される営業利益に差額は発生するのでしょうか。全部原価計算では、仮に、生産した一部が販売されずに期末在庫として残った場合には、労務費と経費の発生額の一部は損益計算書の費用には計上されずに**棚卸資産として翌期以降に繰り越されます**。これに対して、直接原価計算の場合には、労務費と経費は、**発生額のすべてがその会計期間の損益計算書に費用として計上**されます。

利益と生産数量、販売数量の関係

　生産数量と販売数量が同じである場合には、どちらの計算方法でも算出される営業利益に違いはありません。 では、生産数量と販売数量が不一致の場合はどうでしょう。生産数量が販売数量を上回る場合には、全部原価計算で計算された利益が直接原価計算で計算された利益より大きくなります。直接原価計算では、**固定費(人件費、経費)は、ある会計期間における発生額のすべてが売上原価として計上される**のに対して、全部原価計算では、**固定費の一部が翌期の費用として繰り越される**からです。一方、予想以上に製品が売れ、当期の生産数量では足りずに、在庫を充当するケースもあるでしょう。この場合は直接原価計算で計算された利益が全部原価計算で計算された利益より大きくなります。**全部原価計算では、前期の棚卸資産に計上された固定費が売上原価として当期の固定費の発生額に追加して計上される**ためです。

MEMO 直接原価計算は原価管理目的で工場側の目線で利用される。経営目線は、財務会計として使用される全部原価計算であるため、在庫保有を削減すれば、両者の目線は合致してくる。

全部原価計算と直接原価計算による営業利益の違い

　生産数量>販売数量のケースでは、全部原価計算で計算される営業利益のほうが大きく計算され、生産数量<販売数量のケースでは、直接原価計算で計算される営業利益のほうが大きく計算される。

》 生産数量>販売数量のケース

製品Aの製造、販売データ

| 製造数量
1,000個 | 販売数量
800個 |
| | 期末在庫数量
200個 |

● 製品Aの販売単価は1個あたり5万円
● 材料費は1,000万円、労務費は1,000万円、経費は1,000万円
● 当期の製品Aの製造数量は1,000個、販売数量は800個

全部原価計算の損益

売上高	4,000万円
売上原価※	2,400万円
営業利益	1,600万円

※3,000万円÷1,000個=3万円/個
3万円/個×800個=2,400万円

直接原価計算の損益

売上高	4,000万円
変動売上原価※	800万円
限界利益	3,200万円
労務費・経費	2,000万円
営業利益	1,200万円

※1,000万円÷1,000個=1万円/個
1万円/個×800個=800万円

》 生産数量<販売数量のケース

製品Aの製造、販売データ

| 期首在庫数量
200個 | |
| 製造数量
1,000個 | 販売数量
1,200個 |

● 製品Aの販売単価は1個あたり5万円
● 材料費は1,000万円、労務費は1,000万円、経費は1,000万円
● 期首在庫数量は200個(原価の構成は当期と同じ)
● 当期の製品Aの製造数量は1,000個、販売数量は1,200個

全部原価計算の損益

売上高	6,000万円
売上原価※	3,600万円
営業利益	2,400万円

※3万円/個×1,200個=3,600万円

直接原価計算の損益

売上高	6,000万円
変動売上原価※	1,200万円
限界利益	4,800万円
労務費・経費	2,000万円
営業利益	2,800万円

※1万円/個×1,200個=1,200万円

コストマネジメント
原価企画①

 POINT

- 製品の企画・設計の段階でコストダウンする
- 原価の改善・維持ではなく低減が目的
- VEの活動で原価低減を実現

原価企画は原価の低減が目的

原価企画は、**関係部門の協力を得ながら、製品製造の企画・設計の段階で、あらかじめ原価を見積もることによって、原価の低減を行い、利益管理を行う手法**をいいます。

従来は、製品を作れば売れる環境を前提として、特に標準原価計算では製造現場での能率管理を目指した**原価の維持や改善などが目的**とされてきました。ところが、現在では、製品の開発サイクルが短く、消費者が製品価格を決定する厳しい環境のため、原価をうまくマネジメントしないと、開発した製品に設定した目標利益を達成できなくなってしまいます。このような厳しい環境の中では、製品の製造段階で原価を決定しているようでは遅く、もっと上流の、**製品の企画・設計のタイミングで、原価を積極的にマネジメントしていく**ことが求められます。

原価企画は、変化した環境に対応した原価管理の手法であり、従来のような原価の維持・改善が目的ではなく、**原価を低減することが目的**となっています。

VEによる原価低減

原価企画を行ううえで欠かすことのできない活動がVEです。Value Engineeringの頭文字を取り、日本語では「価値工学」と訳されます。VEには適用時期による区分があります。商品企画の段階を「0 Look VE」、商品化の段階を「1st Look VE」、製造の段階を「2nd Look VE」と呼びます。**早いタイミングでVEを適用することで原価低減が実現**されます。

用語解説 VE 製品やサービスの機能とコストとの関係を研究し、製造方法の効率化や発注先の変更などを工夫してコスト低減を達成し、製品やサービスの価値を向上させる組織的な活動のこと。

原価企画はVEを活用した原価の設計

原価企画は、製品の企画・開発段階におけるVEを活用した原価の設計である。よって、製品の製造段階における原価の維持や原価の改善が目的の標準原価計算とは、性質が異なる。

》 原価企画と標準原価計算

適用する原価管理の手法

原価低減	原価維持	原価改善
原価企画	標準原価計算	標準原価の改訂

業務プロセス

企画・開発 → 製　造

》 VEの適用時期による区分

量産化までのプロセスとVEの実施

商品企画	商品化			製造
企　　画 →	構想設計 →	詳細設計 →	試作・評価 →	製造・量産
0 Look VE	1st Look VE			2nd Look VE

新しい商品の企画からその商品が量産化(製造)されるまでの各プロセスにおいて、
0 Look VE、1st Look VE、2nd Look VEが実施され、原価の低減が行われる。

コストマネジメント
原価企画②

POINT
- 目標原価の設定は市場志向と技術的限界を考慮する
- 市場が想定する原価は低く技術からの積上原価は高い
- VEを活用した原価低減がポイント

目標原価の設定方法

原価企画における目標原価の設定方法には①販売価格基準法(割付法)、②見積原価基準法(積上法)、③折衷法(統合法)3つの方法があります。

まず、販売価格基準法(割付法) は、**設定可能な予定販売価格から会社が目標とする利益を控除して計算される許容原価を設定する方法**です。許容原価は市場や顧客の需要を取り込んで設定する原価で、マーケットインの志向が強い現在においては理想的な目標原価となるため、この許容原価に、目標原価を可能な限り近づけていくことが重要です。次に、見積原価基準法(積上法)は、現状の技術水準を所与として部品などの見積原価を積上げて計算する成行原価から**VEによる原価低減を考慮して、目標原価を設定する方法**です。現状の設備の生産方式や技術レベルに配慮した技術志向の原価設定であるため、製造・技術部門からの理解が得やすい点にメリットがあります。

実務において採用比率が最も高い折衷法

販売価格基準法も見積原価基準法もいずれもメリットと限界があります。この両方をすり合わせて目標原価を設定する方法が折衷法(統合法)です。市場の視点と技術的な視点があり、実務において採用比率が最も高い方法です。折衷法を前提とすると、実務における目標原価の設定の流れは、まず技術的に達成可能な成行原価をベースにします。そして**VEによる原価低減を獲得して成行原価を叩いていき、許容原価に近づけていく**ことになります。

用語解説 成行原価 現状の設備や技術をベースとして、製造・技術部門が製品の製造にかかる部品などのコストを積上げて計算した原価のことを成行原価という。

目標原価の設定とVE

ここでは、VEを活用した目標原価の設定プロセスを、設例を使って学習する。

目標原価の設定プロセス

> 消費者が受容する価格   会社の利益計画による利益

① 許容原価＝予定販売価格－目標利益

② 目標原価＝成行原価－VEによる原価低減

※目標原価は許容原価に結果的に近似される
※成行原価は製造・技術側で積上げ計算した原価

③ 折衷法（統合法）のイメージ図

VEを活用することによって、生産サイドの積上原価である成行原価を目標利益の達成が可能になる許容原価まで近づけていくことが重要です

VEによる原価低減

成行原価

目標原価≒許容原価

VEによる原価低減

問題

製品Aの予定販売価格は150円(100,000個販売予定)に設定しています。製品Aは、戦略商品であり、多少利益率が低くても仕方がないとの判断で目標利益率は25%(375万円)に設定しました。製造サイドからは100,000個製造を前提とした原価の見積は、1,200万円であると報告を受けています。目標利益達成のために、VEによって最低いくらの原価低減が必要でしょうか。

見込損益計算書

①売上	1,500万円
②原価	1,200万円
③VEによる原価低減	75万円
獲得利益(①－②＋③)	375万円

A(答え)

75万円

コストマネジメント
ABC①

 POINT

- 消費者ニーズの変化により工場では製造間接費が増加
- 伝統的な方法では製造間接費の計算が不正確
- ABCでは製造間接費を活動単位に集計して配賦計算

時代の変化による製造間接費の増加

近年、消費者の需要は徐々に多様化し、製品サイクルが短くなりました。**需要の変化に伴い、工場の生産形態も過去の少品種大量生産型から多品種少量生産型に移行**していきました。工場では、多くの品目を扱うことになるため、製品ごとの設計に時間を要するようになり、材料の発注回数や機械の段取りの頻度も増え、製品を製造した後も検査の回数が増加することになりました。このように、**製品製造のための支援活動が増えると、製品原価は増加し、特に製造間接費が多額に発生**するため管理の重要度が高まりました。

伝統的な原価計算の限界とABC

伝統的な原価計算では、**直接材料費や直接労務費は製品に賦課**しますが、**製造間接費は、直接作業時間や機械作業時間などの配賦基準によって、製品に配賦計算を行って、製品原価を計算**しました。しかし、製造間接費と配賦基準は、**すべてにおいて両者に比例的関係が存在するわけではない**ため、配賦計算は、必ずしも正確な計算ではありませんでした。特に、製造間接費の管理の重要性が高まった現在においては、製造間接費をきめ細かく管理して計算する必要性が生じてきました。このような**伝統的な計算方法の限界を克服するために、ABC(Activity Based Costing)という計算方法が考案**されたのです。ABCでは、**製造間接費をその消費の要因である活動ごとに分解して、それぞれの活動ごとに配賦基準を見出して、製造間接費の配賦計算**を行います。

用語解説 ABC 1980年代にアメリカのハーバード大学の教授によって提唱された経済用語。多くの分野で日本がシェアを奪っていた頃で、アメリカでもコスト競争力を得る必要があった時代だった。

ABCによる製造間接費の集計と計算

　ABCでは、資源(リソース=製造間接費)を各アクティビティ(活動)に配賦して集計を行う。アクティビティに集計されたリソースは ドライバー(配賦基準)を用いてコスト・オブジェクト(製品)に配賦計算を行う。

》 伝統的な計算による製品原価の集計

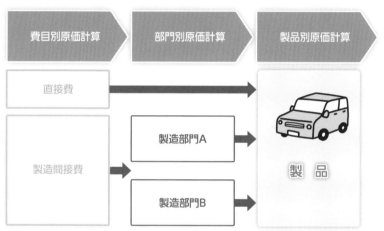

伝統的な原価計算では、製造間接費は、いったん、製造部門に集計され、直接作業時間、機械作業時間などを配賦基準として製造部門から製品に配賦計算が行われる。

》 ABCによる製品原価の集計

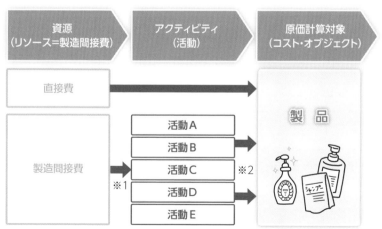

※1. リソースからアクティビティへの配賦基準をリソース・ドライバーという
※2. アクティビティからコスト・オブジェクトへの配賦基準をアクティビティ・ドライバーという

コストマネジメント
ABC②

POINT
- 伝統的な原価計算では、製造間接費はまとめて計算
- ABCでは、製造間接費はきめ細かく計算
- ABCによって製造間接費の計算精度が向上

製造間接費の配賦方法の違い

伝統的な原価計算では、直接費以外の**間接材料費や間接労務費や間接経費**を**製造間接費としてまとめて、製造部門ごとに集計**します。

まず、特定の部門で消費したことが確認できる製造間接費のうちの**部門個別費**は各製造部門に賦課し、各部門で共通して発生した**部門共通費**は各製造部門に**配賦計算**を行います。次に、各製造部門に集計された**製造間接費は直接作業時間や機械作業時間などの配賦基準**によって、**各製品に配賦計算**を行います。

ABCでは、まず、**製造間接費(リソース)はリソース・ドライバー（資源作用因）**によって、**各活動に集計**します。次に、**各活動に集計した製造間接費は、アクティビティ・ドライバー（活動作用因）**によって、**原価計算対象（製品）に配賦計算**を行います。なお、リソース・ドライバー（資源作用因）とアクティビティ・ドライバー（活動作用因）を総称して、コスト・ドライバー（原価作用因）といいます。

製造間接費の正確な配賦計算

伝統的な原価計算では、減価償却費や保守費などの経費のほか、間接材料費や間接労務費も**製造間接費として1つにまとめて製品に配賦計算を行う**のに対して、ABCでは、**製造間接費を活動ごとに集計して、製品に配賦計算を行います**。

製造間接費を活動ごとに配賦するのは、**活動とリソースの消費(製造間接費の発生)との間には、比例的な関係を見出すことができる**ためです。これにより、伝統的な原価計算よりも**製造間接費の配賦計算の精度が向上する**ことが期待されます。

MEMO ABCでは、活動が原価の集計場所となり、原価の集計場所のことをコスト・プールという。ABCでは、コスト・プールに集計された原価をアクティビティ・ドライバーを用いて各製品に割り当てる。

ABCによる計算

　ABCでは、製造間接費(リソース)は活動ごとに集計して、アクティビティ・ドライバーによって、各製品に配賦計算を行う。

≫ 活動ごとに集計された製造間接費

アクティビティ・ドライバー	製造間接費(リソース)	A製品	B製品	C製品	合計
設計／設計書枚数	1,640千円	5枚	5枚	10枚	20枚
発注／発注回数	2,200千円	6回	7回	9回	22回
製造／直接作業時間	8,460千円	5,000時間	12,000時間	1,000時間	18,000時間
検査／検査回数	1,200千円	20回	30回	25回	75回

≫ ABCによる製品原価の集計

アクティビティ・ドライバー	A製品	B製品	C製品	合計
生産量(個)	5,000個	15,000個	850個	20,850個
直接材料費	7,500千円	24,000千円	1,145千円	32,645千円
直接労務費	6,250千円	15,000千円	1,250千円	22,500千円
製造間接費(リソース)	13,500千円			
製造間接費配賦額(設計)	410千円	410千円	820千円	1,640千円
製造間接費配賦額(発注)	600千円	700千円	900千円	2,200千円
製造間接費配賦額(製造)	2,350千円	5,640千円	470千円	8,460千円
製造間接費配賦額(検査)	320千円	480千円	400千円	1,200千円
製品単位あたり原価	3,486円／個	3,082円／個	5,864円／個	3,292円／個

ABCでは製造間接費を1つにまとめて配賦計算を行わずに、活動ごとに分解して、きめ細かく配賦計算を行う。

　例えば、製造間接費配賦額(設計)に集計された1,640千円は、A製品には1,640千円÷設計書枚数合計20枚×A製品の設計書枚数5枚=410千円と配賦計算が行われます

コストマネジメント
ABC③

POINT

- 製品原価から販売価格を決定する場合は注意が必要
- ABCによる正確な計算がより重要となる
- 誤った価格設定により機会損失を被る可能性もある

伝統的な原価計算による製品原価の算定

　同じ会社の中でも、製品ごとに販売戦略は異なります。このとき、販売することでかえって赤字が発生してしまう状況は避けたいため、**最低限、製品原価を上回る販売価格を設定**しようとします。

　販売戦略に適合した価格を設定するためには、**正確な製品原価の計算が極めて重要**です。しかし、伝統的な原価計算では、製造間接費の各製品への配賦は、製造現場の操業度に依存しているため、製造現場以外の活動から発生する原価が多い製品であっても、製造現場の操業度が少ないとその製品はあまり関連原価の負担が生じません。代わりに、製造現場の操業度を多く負担する別の製品が、**発生と無関係な原価を肩代わり**することになってしまいます。

　計算方法が実態と乖離すると、製品原価が正しく計算されません。その結果、適切な販売価格を設定できずに、販売機会を失ってしまったり販売の度に損失が出ることに気づかなかったりします。

ABCによる製品原価の算定

　ABCでは、製造間接費の配賦を製造現場の操業度に過度に依存せずに、**活動に着目して把握し、それに合致した配賦基準で配賦**します。ABCの計算で製品の製造原価が正しく計算されれば、従来では選択できない販売価格の採用が可能になります。また、従来の計算方法では実は販売損失が発生していたケースを発見することができるようになります。

用語解説 機会損失　工数や在庫の制限から1つの案を採用すると、ほかの案を採用できない場合がある。採用しなかった案を仮に採用していれば得られたであろう最大の利益額を機会損失という。

販売価格の決定

製造間接費の計算方法の違いから、伝統的な原価計算とABCによる計算では、単位あたりの製品原価の計算結果が異なる可能性がある。そのため目標販売価格の設定を誤る可能性がある。

》 伝統的な原価計算による場合

	A製品	B製品	C製品	合計
生産量(個)	5,000個	15,000個	850個	20,850個
直接材料費	7,500千円	24,000千円	1,145千円	32,645千円
直接労務費	6,250千円	15,000千円	1,250千円	22,500千円
製造間接費	13,500千円			
製造間接費配賦額	3,750千円	9,000千円	750千円	13,500千円
直接作業時間	5,000時間	12,000時間	1,000時間	18,000時間
製品単位あたり原価	3,500円／個	3,200円／個	3,700円／個	3,292円／個
販売価格(売上総利益率30%)	5,000円／個	4,571円／個	5,286円／個	−

伝統的な計算方法では、製品Cの製品単位あたり原価は3,700円/個と計算され、それを上回る5,286円/個の販売価格を設定すれば、利益を得られるとの誤った情報を得てしまう。

》 ABCによる場合

	A製品	B製品	C製品	合計
生産量(個)	5,000個	15,000個	850個	20,850個
直接材料費	7,500千円	24,000千円	1,145千円	32,645千円
直接労務費	6,250千円	15,000千円	1,250千円	22,500千円
製造間接費	13,500千円			
製造間接費配賦額合計	3,680千円	7,230千円	2,590千円	13,500千円
製造間接費配賦額(設計)	410千円	410千円	820千円	1,640千円
製造間接費配賦額(発注)	600千円	700千円	900千円	2,200千円
製造間接費配賦額(製造)	2,350千円	5,640千円	470千円	8,460千円
製造間接費配賦額(検査)	320千円	480千円	400千円	1,200千円
製品単位あたり原価	3,486円／個	3,082円／個	5,864円／個	3,292円／個
販売価格(売上総利益率30%)	4,980円／個	4,403円／個	8,377円／個	−

ABCによれば、製品Cの製品単位あたりの正しい原価は5,864円/個と計算されるため、伝統的な原価計算で決定された5,286円/個の販売価格を設定すると損失が出ることが明らかになります

コストマネジメント
ABM①

POINT
- ABCは活動に注目してコストを計算する手法
- ABMは活動に注目してコストマネジメントする手法
- 業務プロセスと活動の改善を通じてサービスを強化

顧客サービスの向上に発展させる考え方

製造間接費をアクティビティ(活動)に集計するABCでは、アクティビティが明確化され、個々のアクティビティにおける問題点や非効率な部分を管理することに重点が置かれます。これらの**アクティビティの問題点を改善し、間接費をマネジメントして顧客サービスの向上に発展させる考え方**をABM(Activity Based Management)といいます。活動に着目してコストマネジメントを行う手法です。

間接費の発生メカニズムを可視化し、コントロールする

ABMでは、**顧客に製品やサービスを提供する業務プロセスを分析**します。業務プロセスを構成する個々の活動を分析し、それにかかわる人員や時間やコストを把握して、付加価値活動と非付加価値活動を分析するのです。**付加価値活動は継続的に改善を行い、非付加価値活動は削減・排除する**ことによって、業務プロセスの改善や再構築を行います。

また、ABMでは、**活動とリソースをつなぐリソース・ドライバーや活動と原価計算対象をつなぐアクティビティ・ドライバーに適切な因果関係があるかの分析**(コスト・ドライバー分析)を行います。これによって、**間接費の発生メカニズムが可視化**されるため、**間接費をコントロールすることが可能**となります。

活動分析とコスト・ドライバー分析の結果、活動原価が明らかになります。活動原価が明らかになると、活動のコントロールを通じた**原価低減や利益改善を通じて財務的な成果の分析が可能**になります。

MEMO ▶ コスト・ドライバーの継続的な調査が必要となるABCと比較して、ABMは継続調査が不要で負担が軽いため、ABCを採用する企業よりもABMを採用する企業のほうが多いといわれる。

コストマネジメントの手法としてのABM

　ABMは業務プロセスと活動の全体をマネジメントすることで、活動原価(間接費)を明らかにし、間接費コストの低減や利益改善を行う。最終的には、付加価値を増加させ、顧客サービスの向上を図る。

≫ ABMを活用した調査分析

業務プロセス	活動	活動原価	施策Aによる効果	施策Bによる効果
発 注	受注確認と在庫量の確認	50百万円	−10%	−15%
購 買	材料受入作業	75百万円	−5%	−10%
	材料検査業務	90百万円	±0%	−5%
出 荷	出荷時検査業務	80百万円	−5%	−5%
	包装作業	125百万円	−20%	−30%
⋮	⋮	⋮	⋮	⋮
合計		5,000百万円	−625百万円	−730百万円

ABMによる分析では、調査表に活動原価を明記して、考えられる複数の施策を実施した場合の財務的な効果も記載して全体的な評価を行う。

≫ 業務プロセスとABM

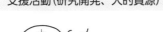

業務プロセスとそれを支援する活動の全体に対して、ABM(活動分析・コスト・ドライバー分析・財務的な成果の分析)を実施することで、コストマネジメントを行う。

コストマネジメント
ABM②

POINT

- ABMの実践において、ABCで得た情報を活用する
- ABMによって顧客に対して付加価値を提供できる
- ABBでは活動に注目して予算編成を行う

ABMはABCを利益の管理に適用したもの

ABCとABMの役割は大きく異なります。ABCでは、活動に注目して間接費を集計して、原価計算対象に対して正確に計算することが目的であり、実際に発生した活動をもとに間接費を製品やサービスに紐づけられるので、本当の原価を把握することができます。そのため、**利益を最大化できる適切な販売価格を設定することが可能**です。また、ABCによって、最適な製品やサービスの組み合わせを判断するうえで必要な情報を得ることもできるため、戦略的なセールス・ミックスの決定にも活用できます。

このABCを**利益の管理に適用したものがABM**です。ABMは、ABCを使ってどの活動にコストを掛けすぎているのかを判断し、必要に応じて業務プロセスや経営プロセスの見直しや再構築を行います。その結果、単にコスト削減だけでなく、適切な価格設定や顧客への情報提供などが可能となり、**顧客に対して付加価値を提供する仕組みづくりが実現**します。

活動ごとに予算を編成する

一方、ABBはActivity Based Budgetingの略で、**企業におけるさまざまな活動に着目して活動ごとに予算を編成する手法**です。活動に着目すれば、仕事の内容が可視化され、活動の改善による業績評価の影響も把握できます。つまりABBは、活動ごとに計画を立てることで、年間を通して活動の監視と是正を促すために考案された経営手法といえます。

MEMO ABCもABMも活動に注目している点は共通であるが、ABCはコスト計算が主要な目的であるのに対して、ABMは原価低減や利益改善、顧客に提供する付加価値の増加を目的にする点が異なる。

ABCとABMの関係を図で理解

　ABCによって、活動の情報(リソースの種類、リソースから発生するコストボリューム)が取得され、ABMによって、活動が分析されて原価低減につながる改善が施される。

》 ABCとABM

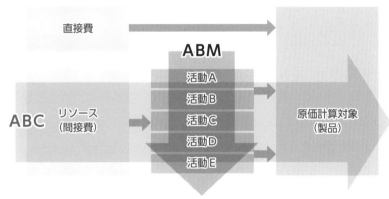

ABCは活動に注目してリソースを原価計算対象に正確に計算することが目的。ABMは活動の改善を通じて原価低減や利益改善を行うことが目的。

》 ABMによる原価低減

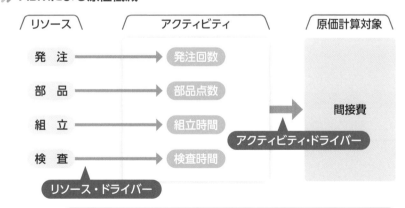

 リソース・ドライバーやアクティビティ・ドライバーを改善することで原価低減(リソースの削減)は可能です

時代が変われば管理会計のトレンドも変わる

　管理会計は、20世紀の初めころに、産業が急速に発達したアメリカにおいて成立し、発展しました。日本では、戦後復興時にアメリカの管理会計が翻訳されて、本格的に導入されました。1962年には、大蔵省(当時)の企業会計審議会が原価計算の唯一のルールである原価計算基準を制定して、原価計算制度が開始されました。

　原価計算制度の適用当初は、産業が未成熟なこともあり、実際原価計算が多く採用されました。ところが産業が成熟してくると、原価管理にも目が向くようになり、標準原価計算が多く活用されることになります。とりわけ、産業がある程度確立した高度経済成長期になると、どの産業でも大量生産型の生産方式が採られ、どのように効率化を実施して原価を削減するかが研究されることになりました。

　一方で、高度成長期を経て、生活が安定し、ライフスタイルが多様化すると、原価計算基準で定めている標準原価制度による原価管理では、利益の獲得が困難になってきました。

　原価そのものをデザインする原価企画の考え方や、製造間接費を細かく管理するABCなどの手法が生まれてきたのもこのためです。このように、管理会計のトレンドは時代によって変化するもので、今後生活の変化によって、さらに新しい管理会計の考え方が生まれる可能性があります。

PART 5

業務的意思決定のための管理会計

　管理会計は、業績把握のためだけにあるのではなく、決定しなければならないさまざまな問題に対して、正しい決定を行うためにも利用されます。根拠をもって意思決定を行うためにも、管理会計のデータを上手に活用しましょう。

企業が行う意思決定とは

- 代替案のなかから最適案を選択する
- 代替案を評価することが管理会計の役割
- 意思決定とは経営管理そのもの

意思決定とは

　企業が行う**意思決定**とはごく簡単に説明するならば、「**複数の代替案を評価し、それらのなかから最適な案を選択すること**」です。

　適切な意思決定に貢献することは管理会計の重要な役割の1つです。企業は日々、担当者による日常業務レベルの意思決定から経営者が行う企業経営の根幹にかかわる重要な意思決定まで、さまざまな選択を迫られています。ここで代替案を適切に評価できず、**最適案の選択を誤ってしまうと、業務の混乱を招くだけにとどまらず、企業業績が悪化し、経営の失敗につながる**おそれがあります。**意思決定とは、経営管理そのものである**ともいえるのです。

意思決定のプロセス

　では、意思決定は通常、どのようなプロセスを経て行われるのでしょうか。まず、経営を行ううえで、もしくは、現場での業務を遂行するうえで**解決すべき問題点を認識したり、達成すべき目標を設定**したりすることから始まります（①問題の認識）。問題の認識が明確になったら、これを**解決、または達成するために採りうる案を検討**し、代替案として列挙します（②代替案の列挙）。代替案が出そろったら、必要なデータを収集し、これらを**金額的に評価**（③代替案の評価）することによって、**もっとも有利な案を最適案として選択し**（④最適案の選択）、これを実行します（⑤最適案の実行）。以上のうち、通常、管理会計担当者が行うのは③代替案の評価。つまり、**代替案を金額的に評価することが管理会計の役割**です。

MEMO ▶ 意思決定プロセスにおいて最適案を実行した後は、その結果を評価し、今後の意思決定のためにフィードバックする必要がある。

意思決定とそのプロセス

　企業が行う意思決定は、代替案のなかから最適なものを選択することであり、業務レベルのものから経営レベルのものまでさまざまである。選択するにあたり、代替案を評価することが管理会計の主な役割である。

》意思決定とは何か?

広　義

経営管理そのもの

狭　義

代替案からの選択
(業務レベル～経営レベル)

選択を
誤ると　➡　企業業績の悪化
　　　　　　　経営の失敗

》意思決定のプロセス

① 問題の認識

⋁

② 代替案の列挙

⋁

③ 代替案の評価　⬅ ここが管理会計の役割です

⋁

④ 最適案の選択

意思決定は、会社の経営において欠くことができないテーマ。ビジネス上の数字を意思決定に活かしていくのが、管理会計です。

⑤ 最適案の実行

⬇

評価・フィードバック

意思決定会計の区分

- 経営の基本構造の変革を伴うか否かがポイント
- 業務的意思決定は、短期的で比較的重要性が低い
- 戦略的意思決定は、長期的で比較的重要性が高い

代替案を金額的に評価して最適案を選択する

　企業が意思決定を行う場面は多岐にわたり、その結果の重要性もさまざまです。ですが**代替案を金額的に評価して最適案を選択する**という点はいずれにも共通しており、これを意思決定会計といいます。そして、管理会計上、**経営の基本構造を所与とした短期的な意思決定（業務的意思決定）**と、**経営の基本構造の変革をもたらす長期的な意思決定（戦略的意思決定）**とに区分します。

業務的意思決定と戦略的意思決定の特徴

　業務的意思決定の具体例としては、現在の生産能力を前提として、新規顧客から特別な条件による引合いがあった場合に受注するか否か、あるいは、プロダクトの製造に必要な部品を自社で生産するか外部から購入するかなどが挙げられます。このように、業務的意思決定は、生産設備など**経営の基本構造が不変であることが前提**となるため、比較的重要性が低く、その**影響は短期的**です。また、**意思決定後も容易に変更が可能である**という特徴があります。

　一方、戦略的意思決定は、**設備投資やM&Aといった経営の基本構造自体の変革に関する意思決定**であり、具体的には、新たな投資案件を実行すべきか否か、現状の生産設備を新設備に更新すべきか否かといった場面が挙げられます。したがって、通常、**意思決定による効果は長期間に及び、一度意思決定してしまったら事後的に変更することは容易ではありません**。また、戦略的意思決定は長期的な意思決定であることから、通常、貨幣の時間価値を**考慮する必要があります**。

用語解説 M&A　Mergers（合併）and Acquisitions（買収）の略。合併は複数の会社が１つになることで、買収は株式の取得等を通じて他社を買うこと。

企業が行う意思決定の区分とそれぞれの特徴

企業は日々さまざまな意思決定を行っており、その種類は多岐にわたるが、管理会計においては、経営の基本構造の変革を伴うか否かで、業務的意思決定と戦略的意思決定とに区分することが一般的である。

》》企業が行う意思決定は多岐にわたる

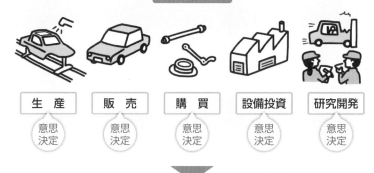

企業活動

| 生 産 | 販 売 | 購 買 | 設備投資 | 研究開発 |

意思決定　意思決定　意思決定　意思決定　意思決定

管理会計では

経営の基本構造の変革を伴うか否かで、業務的意思決定と戦略的意思決定に区分されます

企業は生産、販売、購買などさまざまな活動を行うなかで日々意思決定を迫られている。管理会計上は、これらを業務的意思決定と戦略的意思決定とに区分する。

》》業務的意思決定と戦略的意思決定の違い

	業務的意思決定	戦略的意思決定
経営の基本構造	不変であることが前提	変革を伴う
重要性	低い	高い
意思決定による効果	短期的	長期的
意思決定後の変更	容易	困難
貨幣の時間価値	考慮しない	考慮する
具体例	・自製か購入か　・受注可否 ・販売か追加加工か　・存続か廃止か ・プロダクト・ミックス	・設備投資計画 ・M&A

業務的意思決定と戦略的意思決定には、経営の基本構造の変革を伴うか否かによって表のような違いがあるが、どちらの場合も代替案を評価して最適案を選択しなければならない。

意思決定会計特有の原価概念

POINT
- 意思決定に影響する原価（差額原価）のみを集計する
- 意思決定に影響しない埋没原価は集計しない
- ある案の選択により失われる利益は機会原価となる

意思決定会計ではどの代替案を採用するかを決定する

　意思決定会計において用いる原価は、制度としての原価計算における原価概念とは異なります。原価計算制度は、財務諸表の作成、原価管理、予算統制等を目的として常時継続的に行われる計算体系ですが、**意思決定会計は、各代替案を評価して比較することを目的として随時に行われるもの**です。このように、両者はその目的が異なるため、意思決定会計においては、財務諸表の作成を目的として製品原価を計算する場合のようにすべての原価を集計・配賦する必要はなく、**意思決定に影響する原価だけを考慮すればよい**のです。

　意思決定会計における原価概念として、特に重要なのが差額原価（関連原価）という考え方です。差額原価は意思決定の結果、つまりどの**代替案を選択するかによって変化**します。収益や利益についても同様で、**代替案を評価する際には、各代替案について差額収益から差額原価を差し引いた差額利益を算出し、これを比較する**こととなります。この比較分析を差額原価収益分析といいます。一方で、**どの代替案を選択したとしても変化せず、意思決定に関連しない原価を埋没原価**といいます。意思決定を適切に行うためには、埋没原価は集計せず、意思決定に関連する差額原価のみを考慮することが重要です。

　また、機会原価は意思決定会計に特有の概念です。これは、**ある案を選択し、ほかの代替案を断念した結果失われた利益**（ほかの代替案を選択したならば得られたであろう利益）のことです。機会原価は実際の支出を伴う原価ではありませんが、**代替案を評価・比較する際には漏れなく集計する必要があります**。

MEMO 意思決定のための原価は、制度としての一般的な原価概念とは異なり、特定の目的のための原価であることから、特殊原価とも呼ばれる。

意思決定会計に特有の原価

意思決定会計においては、意思決定に影響を与える原価、すなわち差額原価 (関連原価) のみを集計する。逆に意思決定に影響しない埋没原価は集計から除く必要がある。また、機会原価も考慮しなければならない。

原価計算制度と意思決定会計の「原価」の違い

	原価計算制度	意思決定会計
目　的	財務諸表の作成、原価管理、予算統制等	代替案の比較・評価
頻　度	常時	随時
集計方法	すべての原価を集計・配賦	意思決定に影響する原価のみを集計

意思決定会計における原価に制度的な決まりはなく、目的に合った原価を集計します

差額原価 (関連原価) と埋没原価

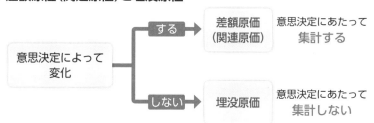

意思決定によって変化 → する → 差額原価 (関連原価) 意思決定にあたって **集計する**

意思決定によって変化 → しない → 埋没原価 意思決定にあたって **集計しない**

各代替案について差額原価を集計し、これを比較する。収益が発生する場合には、差額収益から差額原価を控除した差額利益を比較する。

機会原価

例
- A案とB案のいずれかを選択する場面を想定
- A案を採用した場合には100の収入が得られるが、B案を採用した場合にはこの収入は得られない

▼ B案を採用すると

100の収入を得る機会を失う

▼

この100は、B案における機会原価として集計

B案を採用した場合、実際に100の支出が発生するわけではないが、B案の採用によって失われる利益として、意思決定上は考慮する必要がある。

意思決定のための原価

 POINT
- 意思決定によって変化するコストに着目
- すでに発生したコストは意思決定により変化しない
- 機会原価を考慮すると結論が変わることがある

コストや利益の観点から有利な案を採用する

意思決定のための原価概念を理解するために、休暇の過ごし方を例として考えてみましょう。2つの案があり、いずれかを選択しなければなりません。選択にあたっては、各代替案の魅力度や自身の嗜好などさまざまな判断基準が考えられますが、**管理会計ではコストや利益の観点で有利な案を採用**します。したがって、ここでは休暇に関連して発生するコストを代替案ごとに集計・比較して、コストがより低く抑えられる案を選択することになります。

各代替案のコストを比較するには、**意思決定に影響するコストである差額原価に着目**します。差額原価とは、どちらかの案を選択することによって変化するコストのことです。一方で、**意思決定のタイミングですでに発生しているコストは、どの案を選択しても変化しないため埋没原価**となります。

機会原価についても漏れなく集計する

このとき、一方の案を選択した場合にのみ得られる利益がある場合には注意が必要です。この場合、他方の案を選択した場合にはこの**利益を得る機会を失うことになる**ため、この利益は他方の案にとっての機会原価に該当します。実際の支出を伴うコストのみならず、**機会原価も意思決定に影響を与えるコストとして集計する必要がある**のです。

以上のように、意思決定においては、機会原価も含め、どの案を選択するかによって影響を受けるコストのみを考慮することが重要です。

MEMO ここではコストのみを比較したが、実際には、宿泊先やレストランの満足度、旅行先での経験など、さまざまな観点から総合的に判断することになる。この点は、企業が行う意思決定でも同様。

意思決定のための原価を身近な例で考えてみる

　休暇の過ごし方に関する2つの案をコストの観点で比較する場合を例にとって、意思決定に特有の原価概念を考える。意思決定によって変化するコストに着目することが重要であり、これには機会原価も含まれる。

設例　東京都内で会計コンサルタント業を営むA氏は、無事繁忙期を終えたため休暇の計画を立てている。具体的には、都心のホテルで過ごす案（案①）と遠隔地まで旅行する案（案②）のいずれかを検討中で、コストが低い案を選択するつもりである。休暇に関連して発生するコストは以下のとおりである。

》 各代替案において発生するコスト

事前に発生したコスト

今回の休暇を機に新しい旅行鞄を購入　10,000円　　どちらの案を選択しても発生する
=意思決定に影響しない（埋没原価）

休暇当日に発生するコスト

	案①（都心）	案②（観光地）
交通費	1,000円	15,000円
宿泊代	50,000円	30,000円
食事代	6,000円	3,000円
お土産代		2,000円
合計	57,000円	50,000円

どちらの案を選択するかで変化する
=意思決定に影響する（差額原価）

意思決定によって変化するコスト（差額原価）のみを比較すると、案①（57,000円）＞案②（50,000円）となり、案②の方がコストの面で望ましいという結論になる。

》 機会原価を考慮した場合

—————————— 追加の条件 ——————————

案①の場合には移動時間を大幅に節約できることから、会計相談業務を引き受けて報酬15,000円を得ることができる一方で、案②の場合には時間的な都合からこの業務は断らざるを得ない。

	案①（都心）	案②（観光地）
交通費	1,000円	15,000円
宿泊代	50,000円	30,000円
食事代	6,000円	3,000円
お土産代		2,000円
業務報酬		15,000円
合計	57,000円	65,000円

どちらの案を選択するかで変化する
=意思決定に影響する（差額原価）

案②を選択した場合の機会原価として集計

案②を選択した場合に失う報酬を機会原価として集計すると、差額原価は案①（57,000円）＜案②（65,000円）となり、案①の方が有利という結果になる。

アウトソーシングの意思決定とは

POINT

- 自製か購入かの意思決定では原価が低いほうが有利
- 自製できるだけの生産能力があるか検討する
- 製造原価を要素に分解して差額原価を識別する

自製か購入かは意思決定会計でよく扱われるテーマ

業務的意思決定における典型的な事例として、**アウトソーシングするか否かの意思決定**があります。アウトソーシングとは社内の業務の一部を外部企業に委託することで、コスト削減や業務効率化などを目的として行われることがあります。ここでは、意思決定会計においてよく扱われるテーマである、製品の生産に必要となる部品を自社で製造するか外部企業から購入するかの意思決定 (自製か購入かの意思決定) を考えてみます。例えば、1個あたりの製造原価が1,000円の部品を外部企業から調達する場合1個あたり700円で購入できるとしたら、自製と購入のどちらが自社にとって有利な選択となるでしょうか。

意思決定によって変化する原価としない原価を見極める

当然、**コストは低く抑えられるほうが企業にとっては望ましい**ため、一見すると外部から購入したほうが有利であるように思えます。しかしながら、適切な意思決定を行うためには、原価の内容を分析して、**意思決定に影響する原価と影響しない原価を見極める**必要があります。そのためには意思決定に関連しない**埋没原価は除外し、差額原価のみを集計して2つの代替案を比較**することが重要です。

具体的には、前提として現状の生産設備で必要な数の部品を製造することができるかどうか、すなわち生産能力に余力があるかどうかを検討したうえで、自製した場合にかかる製造原価の中身を直接費、間接費などの要素に分解し、意思決定によって変化する原価と変化しない原価を区別する必要があります。

MEMO アウトソーシングの事例としては、自製か購入かのほかに、給与計算業務や経理業務の一部を外部の専門家に外注する場合や、カスタマーサポートを外部のコールセンターに委託する場合などがある。

自製か購入かの意思決定とは

アウトソーシングの意思決定の代表的な例として、自製か購入かの意思決定がある。自製した場合にかかる原価と購入した場合の原価を比較して、有利な案を選択する。

》 アウトソーシングの意思決定とは

アウトソーシングの意思決定

社内業務の一部を外部企業に委託すべきか否か

例 部品を自製するか外部から購入するか

自社で製造するか、それとも
外部から購入すべきか？

部品を自製した場合と、外部企業から購入した場合とで、どちらが原価を低く抑えられるかという観点で、2つの案を比較することになる。

》 自製か購入かの意思決定にあたって考慮すべき事項

A案 部品を自製 ⇒ 製造原価 1,000円／個
B案 部品を購入 ⇒ 購入原価　700円／個

1,000円>700円のため、一見すると購入のほうが有利であるように
思えますが、本当にそれでよいのでしょうか？

1	2	3
製造原価の内訳を分析	意思決定によって変化する原価と変化しない原価に区別	自製と購入のいずれが有利か判断する

直接材料費	?円
直接労務費	?円
製造間接費	?円
合　　計	1,000円

変化する　しない

自製した場合の製造原価と購入原価を単純に比較するだけでは正しい意思決定はできない。
自社の生産能力や製造原価の中身を分析してはじめて代替案の比較ができる。

アウトソーシングの意思決定
製造原価を各原価要素に分解する

- 固定費は埋没原価に、変動費は差額原価になることが多いが、その限りではない
- 実際の意思決定はコスト面だけではなされない

差額原価と埋没原価を識別する

前項の自製か購入かの意思決定の事例について、**自製した場合の製造原価を各原価要素に分解**してみました（P135参照）。このとき、既存の生産設備を利用して必要な数の部品をすべて製造することが可能で、原価要素のうち固定製造間接費は当該設備の減価償却費の配賦額であるとします。

ここで、仮に購入を選択した場合、自製した場合の製造原価のうち直接材料費、直接労務費、変動製造間接費は発生しなくなる一方で、固定費の発生額は変化しないため、固定製造間接費350円は**埋没原価として意思決定から除外する必要**があります。したがって、自製した場合の差額原価は固定製造間接費を除いた変動費（650円）のみとなり、外部からの購入原価700円と比較してコストが低く抑えられるため、自製したほうが有利であるという結論になります。

実務の意思決定にはさまざまな要素の検討が必要

このように、生産能力に余裕がある場合には固定費は埋没原価となることが多いものの、自製にあたって**追加の設備投資が必要となる場合には、戦略的意思決定（設備投資の経済性計算）として検討**することになります。また、現状の人件費の範囲内で自製が可能な場合には、直接労務費は増加せず埋没原価となり、必ずしも変動費が差額原価に、固定費が埋没原価になるとは限りません。さらに、実際は、コスト面だけでなく、外注先の信頼性や供給体制、購入部品の品質、既存設備のより有効な活用方法など、**さまざまな側面を考慮して判断**します。

MEMO 自製にあたって追加の設備投資を行う場合には、経営の基本構造の変革を伴う意思決定として、戦略的意思決定（設備投資の経済性計算）の範疇となる。

自製か購入かの意思決定を数値例で理解する

自製か購入かの意思決定について、生産能力に余力があることを前提に、原価要素ごとの内容及び金額が判明した場合、どのような結論になるのか具体的な数値例で確認する。

》 意思決定にあたり必要となるデータ

●部品1個あたりの製造原価

直接材料費	400円
直接労務費	200円
製造間接費	400円 (うち50円は変動費、350円は固定費の配賦額)
合　計	1,000円

●部品1個あたりの購入原価
700円

固定製造間接費350円は埋没原価であるため、各代替案の差額原価は以下のとおりとなる

	自製	購入
直 接 材 料 費	400円	－
直 接 労 務 費	200円	－
変 動 製 造 間 接 費	50円	－
購 入 原 価	－	700円
合　計	650円	700円

したがって、原価が低く抑えられる自製のほうが有利という結論になります

ここでは、変動費が差額原価、固定費が埋没原価となったが、前提条件によっては必ずしもそうならないケースがあるので、実際の意思決定においては注意が必要。

PLUS 1

　自製か購入かの意思決定において、コストは非常に重要な要素ではありますが、コスト面だけで判断するのは危険です。必要な数量を必要な時期に安定的に確保できなければ自社製品の生産に支障が出ますし、品質が要求水準に満たなければ自社製品の品質にも悪影響が生じます。したがって、外注先の生産体制や技術力、信頼性、財務状況などを十分に確認しておく必要があります。また、1社に依存せず、代替調達先のめどをつけておくことも重要です。

受注可否の意思決定とは

- 意思決定の影響を受ける原価の見極めが重要
- 意思決定によって原価だけではなく収益も変動する
- 利益（＝収益－原価）が増えるかどうかで判断する

原価割れの注文を受けるべきか

受注可否の意思決定も業務的意思決定の典型的な事例の1つです。

ある製品を製造・販売している企業が、特別な条件での取引を依頼された場合にこれを受注するべきかどうかを判断します。例えば、1個あたりの製造原価が100円の製品を、通常は120円で販売しているとして、ある顧客から同製品を1個あたり90円で購入したいという特別注文が入った場合について考えてみましょう（なお、この注文に応じるだけの生産能力はあるとします）。この注文における販売価格は、通常の販売価格より低いだけでなく製造原価も下回っており、**いわゆる原価割れ**の状況です。したがって、一見すると、この注文を受けた場合には損失が発生するため受注すべきではないという結論になりそうですが、はたしてその判断は適切でしょうか。

意思決定にあたって考慮すべき事項

適切な意思決定を行うためには、製造原価を原価要素に分解し、**意思決定の影響を受ける原価と受けない原価を見極める**必要があります。基本的には、**変動費と固定費の区分**が重要になります。また、この事例では、受注するか否かによって**原価だけではなく売上高（収益）も変動**します。このため、意思決定に関連する収益と原価を集計し、結果としての利益（＝収益－原価）がどう変動するのか分析する必要があります。すなわち、**この注文を受けることによって「利益が増えるかどうか」が判断の基準**になるのです。

MEMO▷ 余剰生産能力があるという前提においては、受注するか否かによって固定費の発生額は変わらないため埋没原価となり、変動費のみが影響を受けることとなる。

受注可否の意思決定における判断基準

注文を受けるか否かによって収益が変わってくるため、受注可否の意思決定においては、収益から原価を差し引いた利益が増えるかどうかが判断のポイントになる。

≫ 受注可否の意思決定とは

当　社
X製品
製造原価：**100円**／個
販売価格：**120円**／個

販売価格
90円／個での
特別注文

新規顧客

1個あたり100円で製造している製品について、90円で販売してほしいという特別な注文が入った場合、この注文は受けるべきでしょうか。

原価割れになるため、この注文は断ったほうがよいようにも思えますが、はたしてそれで良いでしょうか？

≫ 受注可否の意思決定にあたって考慮すべき事項

意思決定により変化する原価と
変化しない原価に区別

＝製造原価100円を変動費と
固定費に区分

受注することによって

意思決定によって変化する収益から
意思決定によって変化する原価を
控除した利益が

意思決定により収益も
変動する

＝注文を受けた場合、
1個あたり90円だけ
売上高が増える

増加するかどうかで判断

余剰生産能力がある場合、固定費は埋没原価になります。意思決定により変化する原価（変動費）と収益を集計して、利益が増えるかどうかで受注すべきか否か判断します。

受注可否の意思決定
限界利益と差額利益に着目する

POINT

- 余剰生産能力がある場合、固定費は埋没原価
- 限界利益が増加するのであれば受注したほうが有利
- 差額利益に着目する方法でも結論は同じになる

限界利益（＝売上高－変動費）の大小で判断

　受注可否を判断するにあたっては、**自社の生産能力に余力があるかどうかを**、まずは検討しなければなりません。余剰生産能力が十分にある場合には、特別注文を引き受けたとしても**固定費の発生額は変化せず埋没原価**となりますが、受注した数量分だけ変動費が増加するため、**変動費は意思決定に関連する差額原価**となります。また、受注可否の意思決定においては、原価だけでなく収益への影響も考慮する必要があります。特別注文を引き受けた場合には、原価（変動費）だけでなく、売上高も増加することになるのです。

　したがって、受注しない案と受注する案それぞれについて、**売上高と変動費を集計し、売上高から変動費を控除した限界利益を比較して、この限界利益が大きくなるほうを有利な案として採用する**ことになります。

各代替案の差額部分のみに着目した分析も可能

　また、受注する場合と受注しない場合との差額部分のみに着目することによっても意思決定は可能です。つまり、受注した場合には追加的に変動費が発生する一方で売上高も増加するため、特別注文による売上高の増加分と変動費の増加分のみを集計します。増加分の差額、つまり利益がプラスになる場合には、受注したほうが有利ということになります。

　意思決定によって変化する部分としない部分の区別が適切にできていれば、いずれの方法でも結論は同じになるということです。

MEMO　余剰生産能力がある場合、特別注文における価格が変動費を上回れば、差額利益はプラスになる。したがって、この例では価格が80円を上回るかぎりは受注したほうが有利ということになる。

受注可否の意思決定を数値例で理解する

受注可否の意思決定について、具体的な数値例で確認する。各代替案の限界利益を比較する方法と、受注した場合に追加的に発生する差額利益に着目する方法のいずれによっても結論は同じになる。

受注可否の意思決定の数値例

製造・販売に関するデータ

- X製品1個あたりの製造原価
  直接材料費　40円
  直接労務費　30円
  製造間接費　30円（うち10円は変動費、20円は固定費の配賦額）
  合計 100円
- X製品 1 個あたりの販売価格　120円
- X製品の予定販売数量　10万個（生産能力としては15万個まで製造可能）

特別注文

注文内容

1個あたりの販売価格
90円

数量
3万個

原価（変動費）の比較

	受注しない	受注する
直接材料費	40円×10万個＝400万円	40円×13万個＝　520万円
直接労務費	30円×10万個＝300万円	30円×13万個＝　390万円
変動製造間接費	10円×10万個＝100万円	10円×13万個＝　130万円
合計	80円×10万個＝800万円	80円×13万個＝1,040万円

収益の比較

	受注しない	受注する
通常販売	120円×10万個＝1,200万円	120円×10万個＝1,200万円
特別注文	－	90円×　3万個＝　270万円
合計	1,200万円	1,470万円

利益の比較

	受注しない	受注する
収益	1,200万円	1,470万円
原価（変動費）	800万円	1,040万円
限界利益	400万円	430万円

受注する案のほうが限界利益（＝収益−変動費）が30万円多くなるため、受注したほうが有利という結論になる。生産能力には余裕があるため、受注しても固定費の発生額は一定であり埋没原価となる。意思決定によって変化するのは変動費と収益（その差額としての限界利益）。

注文を受けると原価も増えますが、一方で収益も増えます

各代替案の差額に着目した分析

受注することによって、追加的に発生する差額利益

差額収益　　 90円×3万個＝270万円
△差額原価　 80円×3万個＝240万円
差額利益　　 10円×3万個＝　30万円

差額に注目して分析した場合でもあっても結論は同じです

受注することによって追加的な利益が30万円発生するため、受注したほうが有利という結論になる。

受注可否の意思決定
固定費が差額原価となる場合

POINT
- 余剰生産能力がない場合、追加の固定費が発生する
- 固定費を差額原価として集計するケースがある
- 実際には受注可否は慎重な判断が必要

固定費が差額原価となる場合

これまで固定費が意思決定によって変化せず埋没原価となる例を見てきましたが、**状況によっては固定費が差額原価となる場合もあります。**受注可否の意思決定において、余剰生産能力がある場合は、特別注文を引き受けたとしても固定費の発生額は変化しませんが、余剰生産能力がなく、特別注文を受けるために新たに設備の調達が必要となるような場合には、**追加的な固定費が発生し、これが差額原価となります。**この点を確認するため、P139の前提条件のうち生産能力を10万個に変更し、特別注文に対応するための設備のレンタルに20万円かかるとした場合に、意思決定がどのようになるか検討してみます。

受注した場合に増加する売上高と変動費はそれぞれ270万円、240万円となりP139と同様ですが、ここでは設備のレンタル料20万円が追加の固定費として発生します。したがって、この固定費についても、**意思決定により変化する差額原価として計算に含める**必要があります。その結果、受注した場合の差額利益はプラスであるため、注文を受けたほうが良いという結論になります。

受注可否の意思決定における留意点

このように、**一見、不利な注文であっても、差額利益が発生するのであれば、計算上は受注したほうが良い**ことになります。ただし、特定の顧客にのみ低価格で販売しているという情報が出回ってしまうと、ほかの顧客からも値引きを要請される可能性があるため、長期的な目線で慎重に判断する必要があります。

MEMO▶ 変動費は差額原価に、固定費は埋没原価になることが多いものの、必ずしもそうはならない場合があることに留意が必要。意思決定にあたっては、前提条件の確認が重要となる。

受注可否の意思決定において余剰生産能力がない場合

　受注可否の意思決定において余剰生産能力がない場合は特別注文に対応するために追加で固定費が発生する。この場合、固定費は埋没原価ではなく差額原価として集計する必要がある。

》 固定費を差額原価として集計する場合

製造・販売に関するデータ

● X製品1個あたりの製造原価

直接材料費　40円

直接労務費　30円

製造間接費　30円（うち10円は変動費、20円は固定費の配賦額）

合計　100円

● X製品1個あたりの販売価格120円

● X製品の予定販売数量

10万個（生産能力は10万個＝フル稼働）

特別注文

1個あたりの
販売価格
90円

数量
3万個

余剰生産能力がないため、設備を調達
レンタル料　**20万円**

差額収益

売上高　　　90円×3万個　＝ 270万円

差額原価

変動費　　　80円×3万個　＝ 240万円
固定費　　　　　　　　　　　　20万円
　　　　　　　　　　　　　　260万円

差額利益

270万円－260万円　＝　10万円

すでに設備がフル稼働の状況で追加の注文が入った場合、これに対応するために設備を調達する必要があります。これにより追加の固定費が発生します。この条件を追加しても、受注することによって追加的な利益が10万円発生するため、受注したほうが有利。

実際には、特別注文で値引き販売すべきかどうかは、
ほかの顧客への影響も考慮して慎重に判断します

加工か販売かの意思決定とは

POINT

- 各代替案の利益を比較すれば意思決定が可能
- 機会原価の概念を用いて意思決定することも可能
- そのまま販売した場合の収益が機会原価になる

利益を比較してどちらが有利かを判断する

　ある製品に追加の加工を施して販売することが可能な場合、もとの製品のまま販売したほうがよいか、加工して販売したほうがよいかを判断することを「加工か販売かの意思決定」といいます。

　もとの製品のまま販売する案と加工して販売する案、**それぞれについて収益と原価を集計し、その差額としての利益を比較**すれば、いずれの案が有利か判断することができます。

　もとの製品のまま販売する場合は、追加加工を行わないため、もともとの売上高と製造原価をそのまま集計して利益を求めます。一方、別の製品に追加加工する場合は、新たな製品としての売上高を収益とします。原価については、**もとの製品の製造原価と追加加工費を合計**します。

機会原価を用いる方法も同じ結果となる

　加工か販売かの意思決定は、**機会原価の概念を用いて判断する**こともできます。追加加工した場合には、もとの製品として販売することはできなくなるため、もとの製品のまま販売したら得られたであろう収益は、追加加工する案を採用した場合の機会原価ということになります。

　よって、追加加工により得られる収益から追加加工費ともとの製品の売上高を控除した**差額利益がプラスになれば追加加工した方が有利**ということになります。いずれの求め方であっても、判断結果は同じになるはずです。

MEMO もとの製品の製造原価は、もとの製品のまま販売するか、加工して販売するかにかかわらず発生するため、この意思決定においては埋没原価となる。

加工か販売かの意思決定を通じて機会原価を理解する

加工か販売かの意思決定では、一方の案を採用した場合、他方の案を採用したならば得られたであろう収益が失われるため、これが機会原価となる。

設例

化学品メーカーのA社では、1個あたり100円の製造原価であるXという製品を製造販売しており、1個120円で10万個販売する計画だった。このX製品に加工を加えることでY製品を同数製造することができるが、追加加工費が1個あたり30円で、販売単価は160円となる。仮に同数を販売できるとしたら、どちらが有利だろうか。

》 加工か販売かの意思決定の数値例

製造・販売に関するデータ

●販売計画

	X製品	Y製品
販売価格	120円／個	160円／個
予定販売数量	10万個	10万個

●製造原価

X製品の製造原価	100円／個
Y製品への追加加工費	30円／個

各代替案の利益の比較

	X製品のまま販売する案	Y製品に加工して販売する案
収益	120円×10万個 ＝ 1,200万円	160円×10万個 ＝ 1,600万円
原価・X製造原価	100円×10万個 ＝ 1,000万円	100円×10万個 ＝ 1,000万円
・Y追加加工費	－	30円×10万個 ＝ 300万円
利益	200万円	300万円

各代替案で発生する収益と原価を総額で集計し、利益を比較することによって意思決定することができる。Y案では追加加工費がかかるものの、それ以上に収益が増加するため有利となる。

》 機会原価を用いた意思決定

追加加工した場合に増加する利益

収益	160円×10万個 ＝ 1,600万円
原価・Y追加加工費	30円×10万個 ＝ 300万円
・Xの売上高	120円×10万個 ＝ 1,200万円 ← 機会原価として集計
利益	100万円

Y製品に加工すると、X製品として販売することはできなくなるため、X製品の販売による収益1,200万円がY案における機会原価となる。

結論は、総額で比較した場合と同じで、追加加工した場合、そのまま販売するより利益が100万円増加するため、Y案のほうが有利となります

存続か廃止かの意思決定とは

POINT

- 赤字事業を廃止すべきかどうかの意思決定
- 共通固定費は埋没原価となる
- 営業利益で判断すると意思決定を誤る

赤字事業は廃止すべきか

複数の事業を営んでいる場合、なかには業績がふるわず赤字に陥ってしまう事業があります。赤字事業を**今後も事業として継続すべきか、もしくは撤退すべきか**の意思決定においても、管理会計の理論が役に立ちます。

例えば、事業部別の損益計算書において、ある事業部の営業利益がマイナスであったとします。このとき、当該事業部を廃止してしまえば、その分だけ赤字幅が縮小し、企業全体の営業利益は増加するようにも思えます。また、赤字の事業部を廃止すれば、いままで以上に黒字の事業部に注力することができ、経営効率が高まるかもしれません。では廃止の意思決定は適切なのでしょうか。

共通固定費は埋没原価となることに注意

結論からいうと、**赤字の事業部を廃止したことで企業全体の営業利益が減少してしまう**ことがあり、このような場合には赤字であったとしても廃止せずに存続させたほうが望ましいということになります。

ここでポイントになるのが、**共通固定費の配賦額の存在**です。事業部別の損益計算書では、全社費用である共通固定費が何らかの基準によって各事業部に配賦され、この配賦額を控除したうえで営業利益が算出されます。しかし、**共通固定費は特定の事業部の存続・廃止にかかわらず発生するため、存続か廃止かの意思決定においては埋没原価**となります。したがって、共通固定費を配賦した後の営業利益で判断すると、意思決定を誤ることがあります。

用語解説 共通固定費　全社的な費用であり各事業部にとって管理不能のコスト。一方、個別固定費は各事業部にとって管理可能なコストであり、各事業部を廃止すれば削減できる可能性がある。

赤字事業を存続させるか廃止するか

　営業利益がマイナスの事業がある場合、これを存続させるか廃止するかが問題となる。共通固定費配賦後の営業利益で判断すると、意思決定を誤ることがある。

設例 A社にはX、Y、Zの3つの事業部があり、事業部別の損益計算書が以下のとおりであったとき、Z事業部は営業赤字を計上していることがわかる。この場合、Z事業部は廃止してしまったほうがよいか。

》事業部別の損益計算書

（単位：百万円）

	X事業部	Y事業部	Z事業部	合　計
売上高	1,800	3,800	2,400	8,000
変動費	950	2,300	1,900	5,150
限界利益	850	1,500	500	2,850
固定費				
個別固定費	320	420	380	1,120
共通固定費	270	570	360	1,200
営業利益	260	510	△240	530

※共通固定費は本社建物の減価償却費であり、各事業部の売上高の比率で配賦している。

Z事業部の営業利益は△240百万円であり赤字となっている。企業全体の利益を改善するためには、Z事業部は廃止すべきなのだろうか。

》Z事業部を廃止した場合の損益計算書

（単位：百万円）

	X事業部	Y事業部	Z事業部	合　計
売上高	1,800	3,800		5,600
変動費	950	2,300		3,250
限界利益	850	1,500		2,350
固定費				
個別固定費	320	420		740
共通固定費	386	814		1,200 ●┐
営業利益	144	266		410 ●

※共通固定費は本社建物の減価償却費であり、各事業部の売上高の比率で配賦している。

廃止前と比較して企業全体の営業利益は減少
廃止しても全社費用であるため変動しない ─┘

Z事業部を廃止しても共通固定費1,200百万円は全社費用であり削減されない。結果として、Z事業部の廃止により全体の営業利益は410百万円に減少してしまう。

存続か廃止かの意思決定
貢献利益を用いて判断する

POINT

- 存続か廃止かの意思決定は貢献利益で判断
- 限界利益から個別固定費を控除したものが貢献利益
- 貢献利益がプラスであれば存続すべき

貢献利益は全社への貢献度を表している

　「存続か廃止かの意思決定」において適切な判断を行うためには、共通固定費を配賦した後の営業利益ではなく、**貢献利益を用いる**べきです。貢献利益とは、**限界利益 (=売上高—変動費) から個別固定費を控除した利益**のことで、貢献利益がプラスであるということは、事業部にとって管理可能なコストである個別固定費を回収してもなお利益が残っており、全社費用である共通固定費の回収にも貢献できているという状態をいいます。すなわち、**貢献利益は企業全体の利益獲得に対する貢献度を表している**ともいえるのです。

貢献利益を用いた損益計算書を作成する

　存続か廃止かの意思決定を適切に行うためには、この貢献利益を用いた損益計算書を作成することが有用です。P145の設例のように、仮に、全社費用を配賦した後の営業利益がマイナスであったとしても、貢献利益がプラスであることから、一見、赤字となる事業ではあっても、企業全体の利益には貢献していると判断できます。

　ここまで事業部を例にとって見てきましたが、セグメントや製品・サービスを廃止すべきかどうかの意思決定を行う場合についても、基本的な考え方は同様です。意思決定において重要なのは、**意思決定により影響を受けるコストと影響を受けないコストを区別し、影響を受けないコスト** (この場合は共通固定費を指す) **を除外する**ことです。

MEMO 貢献利益を限界利益と同義で用いることもあるが、本書では、限界利益から個別固定費を控除した利益を貢献利益と呼び、限界利益とは区別している。

貢献利益を用いた損益計算書で意思決定を行う

　貢献利益は限界利益から個別固定費を控除した利益であり、企業全体の利益獲得への貢献を表す概念である。存続か廃止かの意思決定では、貢献利益のプラスマイナスによって判断する。

》 貢献利益とは

貢献利益＝限界利益（売上高－変動費）－個別固定費

売上高	1,000
変動費	400
限界利益	600
個別固定費	350
貢献利益	250 ——共通固定費の回収に貢献

貢献利益は、限界利益から個別固定費を控除した利益概念。共通固定費の回収、ひいては企業全体の営業利益への貢献を表している。

》 貢献利益を用いた損益計算書を作成する

（単位：百万円）

	X事業部	Y事業部	Z事業部	合　計
売上高	1,800	3,800	2,400	8,000
変動費	950	2,300	1,900	5,150
限界利益	850	1,500	500	2,850
固定費				
個別固定費	320	420	380	1,120
貢献利益	530	1,080	120	1,730
共通固定費				1,200
営業利益				530

この損益計算書によると、各事業部がどの程度の貢献利益を計上しているのか一目瞭然。Z事業部の貢献利益はプラスであるため、存続すべきということになる。

 共通固定費を配賦すると適切な評価ができなくなるため、この損益計算書では共通固定費は各事業部に配賦していません

プロダクト・ミックスの意思決定とは

POINT

- プロダクト・ミックスとは製品の組み合わせのこと
- 利益が最大化される組み合わせが最適
- 販売上の制約条件と生産上の制約条件がある

いかに企業全体の利益を最大化するか

プロダクト・ミックスとは製品の組み合わせのこと。企業が複数の製品を生産・販売している場合に、**最適な生産・販売のバランス（最適プロダクト・ミックス）を決定するのがプロダクト・ミックスの意思決定**です。**最適なバランスとは、企業全体の利益を最大化する製品の組み合わせ**を意味します。企業が生産・販売活動を行ううえでのさまざまな制約条件を満たしながら、いかに利益を最大化できるかが企業にとって重要な課題です。

利益を最大化する最適な製品の組み合わせを検討する

プロダクト・ミックスの決定に影響を与える制約条件は、大きく分けて2つの種類があります。1つ目は販売上の制約条件で、**販売できる数量の上限**がある場合です。大量に製品を生産したとしても、その製品が属する市場の規模や、当該市場において自社の製品が占めるシェア等の制約があることから、販売できる数量にはおのずと限界があります。

2つ目は、生産上の制約条件で、**生産できる数量の上限**がある場合です。製品の生産に使用する機械設備の生産能力に限りがあって、設備をフル稼働させたとしても需要を満たすだけの数量を生産できない場合などが該当します。

このような**生産・販売上の制約条件を考慮しながら最適な製品の組み合わせを検討する**のがプロダクト・ミックスの意思決定です。

MEMO 生産量の組み合わせをプロダクト・ミックス、販売量の組み合わせをセールス・ミックスとして用語を使い分ける場合もあるが、ここでは区別せずプロダクト・ミックスで統一している。

プロダクト・ミックスの意思決定と制約条件

　プロダクト・ミックスの意思決定は、生産・販売上の制約条件のもとで、企業全体の利益を最大化できる最適な製品の組み合わせを決定することである。

≫ プロダクト・ミックスの意思決定とは

プロダクト・ミックス	製品の組み合わせ
プロダクト・ミックスの意思決定	製品の生産・販売の最適なバランス（最適プロダクト・ミックス）を決定すること

生産・販売上の制約条件のもとで利益を最大化する製品の組み合わせ

設例	価格帯の異なる2種類のシャンプーを製造販売しているA社では、高級品のXと低価格品のYの生産および販売のバランスについて検討中である。Xのほうが1個あたりの貢献利益が大きいが、需要が少なく販売数量に上限がある場合、最適な製品の組み合わせをどのように検討するべきか。

例

シャンプーの製造販売を行うA社

X製品 高級品	Y製品 低価格品

X製品とY製品をそれぞれいくつずつ
生産・販売すべきか？

高級品と低価格品の2種類を扱うA社は、どのような割合でこれらの製品を生産・販売すべきか。制約条件があるなかで利益を最大化できる組み合わせを決定する。

≫ 生産・販売上の制約条件とは

制約条件	例
販売上の制約条件	市場規模やシェア等の制約から、当社が販売できるシャンプーの数量に上限がある。
生産上の制約条件	シャンプーの生産に使用する機械設備の稼働時間に制約があり、生産できる数量に上限がある。

最適プロダクト・ミックスを決定するうえでの制約条件には、販売上の制約条件と生産上の制約条件がある。典型的な例として、販売数量と機械作業時間が挙げられる。

プロダクト・ミックスの意思決定
販売上の制約がある場合

POINT

- 制約条件1単位あたりの限界利益が大きいほうを優先
- 固定費は埋没原価となる
- 製品1個あたりの限界利益の大小で判断

販売予測を立て、その範囲内で生産活動を行う

　企業は、生産能力の限りに製品を生産すればそれで儲かるというわけではありません。需要を超えて大量に製品を生産してしまうと、在庫を抱えることになり損失が発生してしまいます。そのため、通常は、市場の動向、競合他社の状況、顧客ニーズなどの**分析に基づいて販売予測を立て、その範囲内で生産活動を行う**ことになります。

　このような販売予測に基づいて設定された販売数量の上限が、プロダクト・ミックスの決定における販売上の制約条件です。

より限界利益を稼ぐことができる製品を優先的に生産する

　この場合、固定費は生産・販売量にかかわらず一定であるため、埋没原価となります。したがって、**限界利益を最大化できれば、そこから固定費を差し引いた営業利益も最大化できる**ことになります。つまり、限界利益を最大化するためには、より効率よく限界利益を稼ぐことができる製品、すなわち単位あたりの限界利益が大きい製品を、優先的に生産・販売すればよいということになります。

　このように、制約条件がある場合には、その制約条件1単位あたりの限界利益が大きいほうを、より多く生産・販売することが企業にとって有利となります。

　ここでは製品の販売数量に条件がある、すなわち販売数量が制約条件となっているため、**製品1個あたりの限界利益の大小で判断**し、大きいほうの製品を上限まで生産し、販売すべきという結論になります。

MEMO 仮に、製品1個あたりの限界利益が小さいY製品のみを100,000個生産・販売した場合には、当期より利益が減少する結果となる（P151参照）。

販売上の制約条件がある場合のプロダクト・ミックス

製品1個あたりの限界利益が大きい製品から生産・販売することで、利益が最大化される。

販売上の制約条件がある場合のデータ

▶ 当期の生産・販売のデータ

	X製品	Y製品
販売価格	2,000円／個	1,500円／個
変動費	800円／個	500円／個
販売数量	40,000個	60,000個

▶ 当期の損益計算書

（単位：百万円）

	X製品	Y製品	合 計
売上高	80	90	170
変動費	32	30	62
限界利益	48	60	108
固定費			45
営業利益			63

▶ 来期の見込

- 製品1個あたりの販売価格・変動費は当期と同じ
- 固定費は全社費用であり、発生額は当期と同じ
- 販売数量はX製品とY製品の合計で100,000個まで

当期の生産・販売に関する実績データや損益計算書等をもとに、来期の計画を策定中。ただし、販売数量には合計で100,000個までという制約条件がある。

生産可能数量最大まで生産し、かつすべてが売れることを前提としています

製品1個あたりの限界利益で意思決定

▶ 製品1個あたりの限界利益

X製品	Y製品
販売価格2,000円−変動費800円＝1,200円／個	販売価格1,500円−変動費500円＝1,000円／個

▶ 来期の損益計算書（X製品のみを生産・販売）

X製品のみを100,000個生産・販売するのがベストであることがわかる。

（単位：百万円）

	X製品	Y製品	合 計
売上高	200		200
変動費	80		80
限界利益	120		120
固定費			45
営業利益			75

当期より営業利益が増加

仮にY製品のみを生産した場合

（単位：百万円）

	X製品	Y製品	合 計
売上高		150	150
変動費		50	50
限界利益		100	100
固定費			45
営業利益			55

製品1個あたりの限界利益が大きいX製品を優先的に生産・販売することで利益が最大化されます

プロダクト・ミックスの意思決定
生産上の制約がある場合

- 制約条件1単位あたりの限界利益が大きいほうを優先
- 機械作業時間が制約条件である場合、機械作業時間あたりの限界利益の大小で判断

生産上の制約条件があって販売目標を達成できない場合

　企業は、販売予測に基づいて生産計画を立案し、この計画に沿って生産活動を行います。しかし、**生産上の制約条件から、販売可能な数量を満たすだけの生産活動ができない場合**もあり得ます。例えば、生産活動にあたって使用する機械設備の生産能力の限界から、設備をフル稼働させても需要に追いつかない場合などがそれです。また、生産にあたって複雑な手作業が必要であるが、熟練した作業員の確保が難しい場合、作業員の人数に制約があることになります。あるいは、製品を生産するために必要な原材料について、世界的な供給不足のため調達できる数量に制限があるようなケースも考えられます。このような**生産上の制約条件がある場合のプロダクト・ミックス**について考えてみましょう。

機械作業時間あたりの限界利益を製品ごとに比較する

　制約条件1単位あたりの限界利益が大きい製品を生産・販売すべきという点は、販売上の制約条件がある場合と同じです。例えば、機械作業時間が制約条件になっている場合であれば、各製品について機械作業時間あたりの限界利益を求めます。機械作業時間あたりの限界利益は、製品1単位あたりの限界利益を、製品を1単位製造するために必要な機械作業時間で除すことで算定することができます。このようにして求めた機械作業時間あたりの限界利益を製品ごとに比較し、**大きいほうの製品を優先的に生産・販売することで利益は最大化**されます。

MEMO 仮に、機械作業時間あたりの限界利益が小さいX製品のみを生産・販売した場合（P153参照）には、当期より利益が減少する結果となる。

生産上の制約条件がある場合のプロダクト・ミックス

機械作業時間あたりの限界利益が大きい製品から生産・販売することで利益が最大化される。

》 生産上の制約条件がある場合のデータ

▶ 当期の生産・販売のデータ

	X製品	Y製品
販売価格	2,000円／個	1,500円／個
変動費	800円／個	500円／個
限界利益	1,200円／個	1,000円／個
機械作業時間	5時間／個	2時間／個
販売数量	40,000個	60,000個

▶ 当期の損益計算書

(単位：百万円)

	X製品	Y製品	合　計
売上高	80	90	170
変動費	32	30	62
限界利益	48	60	108
固定費			45
営業利益			63

▶ 来期の見込

- 製品1個あたりの販売価格・変動費は当期と同じ
- 固定費は全社費用であり、発生額は当期と同じ
- 機械作業時間は最長計320,000時間まで（販売上の制約条件はない）

P151の当期の生産・販売実績に、機械作業時間の情報が追加されている。また、来期は販売上の制約条件はないものの、機械作業時間に上限がある。

》 機械作業時間あたりの限界利益で意思決定

▶ 機械作業時間あたりの限界利益

X製品	Y製品
限界利益1,200円÷機械作業時間5時間＝240円／時間	限界利益1,000円÷機械作業時間2時間＝500円／時間

▶ 来期の損益計算書（Y製品のみを生産・販売）

320,000時間をすべてY製品の生産に充てるため、生産量は160,000個（320,000÷2時間／個）となる。

仮にX製品のみを生産した場合

(単位：百万円)

	X製品	Y製品	合　計
売上高		240	240
変動費		80	80
限界利益		160	160
固定費			45
営業利益			115

当期より営業利益が増加

(単位：百万円)

	X製品	Y製品	合　計
売上高	128		128
変動費	51		51
限界利益	77		77
固定費			45
営業利益			32

機械作業時間が制約条件となっているため、機械作業時間あたりの限界利益が大きいY製品を優先的に生産・販売することで利益が最大化される。

プロダクト・ミックスの意思決定
複数の制約に優先順位をつける

- 実務では複数の制約条件がある場合がほとんど
- まずはもっとも優先すべき制約条件を確定する
- 残った制約条件に優先順位をつけて、順次考慮する

生産・販売上の制約条件がある場合

これまでは制約条件が1つのみの場合を見てきましたが、**実際には複数の制約条件のもとで最適なプロダクト・ミックスを決定しなければならない**状況がほとんどであると考えられます。

ここでは生産上と販売上の制約条件がそれぞれある場合について確認します。生産上の制約条件は、「機械作業時間は計320,000時間まで」、販売上の制約条件は、「Y製品は90,000個までしか販売できない」とします。

もっとも優先すべき制約条件の特定

複数の制約条件がある場合、**「もっとも優先すべき制約条件はどれか」**を考えます。ここでは、機械作業時間の上限である320,000時間を超えて製品の製造を行うことはできないという点がボトルネックとなっているため、機械作業時間を優先的に考慮します。すなわち、機械作業時間あたりの限界利益が大きいY製品から生産することが有利となります。ここで、Y製品に320,000時間のすべてを割り当てると160,000個 (320,000時間÷2時間) まで生産することが可能ですが、Y製品には販売上の制約条件として90,000個という上限があるため、機械作業時間は2時間×90,000個＝180,000時間までとなり、残りの機械作業時間 (320,000時間－180,000時間＝140,000時間) をX製品の生産に充てます。よって、X製品の生産量は28,000個 (140,000時間÷5時間)、Y製品の生産量は90,000個という組み合わせが最適プロダクト・ミックスとなります。

用語解説 ボトルネック　製造工程などのプロセスにおいて、全体の効率やスピードを低下させる要因となっている部分のこと。ここではもっとも重視すべき制約条件の意味で使用している。

複数の制約条件がある場合のプロダクト・ミックス

生産・販売上の制約条件が両方ある場合のプロダクト・ミックスの意思決定について、数値例で確認する。もっとも優先すべき制約条件を特定し、単位あたり貢献利益が大きい製品から生産する。

》 生産・販売上の制約条件がある場合のデータ

▶ 生産・販売に関するデータ

	X製品	Y製品
販売価格	2,000円／個	1,500円／個
変動費	800円／個	500円／個
限界利益	1,200円／個	1,000円／個
機械作業時間	5時間／個	2時間／個
作業時間あたり限界利益	240円／時間	500円／時間
固定費	45,000,000円	

▶ 制約条件

生産上の制約条件

機械作業時間は最長320,000時間まで

販売上の制約条件

Y製品の販売数量は90,000個まで

》 複数の制約条件がある場合の考え方

● 考え方

機械作業時間の上限を超えて、製品を生産することはできない

もっとも優先すべき制約条件は、機械作業時間（生産上の制約条件）

機械作業時間あたりの限界利益が大きいY製品を優先的に生産
Y製品は320,000時間÷2時間／個＝160,000個まで生産可能

Y製品には販売数量の上限（販売上の制約条件）があるため、そこまで生産
Y製品を90,000個生産

残りの機械作業時間をX製品に割り当てる
Y製品の生産に要する機械作業時間は2時間／個×90,000個＝180,000時間
→X製品に割り当てられる機械作業時間は320,000時間－180,000時間＝140,000時間
→X製品の生産量は、140,000時間÷5時間／個＝28,000個

● 損益計算書

（単位：百万円）

	X製品	Y製品	合計
売上高	56	135	191
変動費	22	45	67
限界利益	34	90	124
固定費			45
営業利益			79

X製品28,000個、Y製品90,000個の組み合わせが最適なプロダクト・ミックスです

複数の制約条件がある場合は、どの制約条件をもっとも重視しなければならないかを特定する。この場合は、機械作業時間（生産上の制約条件）から考慮する。

プロダクト・ミックスの意思決定
線形計画法 図解法①

- 制約条件と目的関数を定式化する
- 制約条件をグラフ化する
- グラフから最適解を特定する

目的関数の最大値または最小値を求める線形計画法

複数の制約条件がある場合の最適プロダクト・ミックスは、線形計画法(リニア・プログラミング、LP)によっても決定することができます。**線形計画法は、複数の制約条件のもとで、線形の目的関数の最大値または最小値を求める技法**です。

目的関数とは、最適化問題において最大化あるいは最小化したい値を関数で表現したもので、最適プロダクト・ミックスの決定においては限界利益の最大化が目的ですので、これを数式で表してその最大値を求めることになります。なお、**線形計画法には、図解法とシンプレックス法という2つの手法があります**が、製品が2種類の場合は、図解法で判断することができます。

視覚的に理解しやすい図解法

まず、制約条件と目的関数を数式で表します(①問題の定式化)。最適プロダクト・ミックスの決定における目的は、制約条件のもとで限界利益が最大になるような製品の生産・販売量を求めることです。このとき、**製品の生産・販売量がマイナスの値になることはありえないため、この条件についても数式化**します。これを非負条件といいます。

次に、制約条件をグラフに描きます(②グラフの作成)。そして、このグラフを用いて最適なポイント、つまり限界利益が最大となる点を特定します(③最適解の特定)。**グラフによる分析であるため、視覚的に理解しやすいのが図解法の特徴**です。

用語解説 最適化問題　制約条件下で目的関数を最適にする変数の組み合わせを見つける問題。物流であれば、時間・距離・積載量等の制約のもと、もっとも効率的でコストの低い配送ルートの決定が目的となる。

線形計画法による最適プロダクト・ミックスの決定

　複数の制約条件がある場合は、線形計画法によって最適プロダクト・ミックスを決定することができる。このうち図解法では、定式化した制約条件をグラフ化し、目的関数が最大となる点が最適プロダクト・ミックスとなる。

》 図解法の手順

❶問題の定式化	❷グラフの作成	❸最適解の特定
制約条件と目的関数を定式化する（非負条件を含む）	制約条件をグラフ化する	グラフから最適解を特定する

● 問題の定式化

制約条件	制約条件を数式で表す （生産上の制約条件）$5X + 2Y \leqq 320{,}000$ （販売上の制約条件）$Y \leqq 90{,}000$
目的関数	限界利益の最大化が目的であり、これを数式で表す Z（の最大化）$= 1{,}200X + 1{,}000Y$
非負条件	生産・販売量がマイナスとなることはないため、非負条件を加える $X \geqq 0$、$Y \geqq 0$

X：X製品の数量　Y：Y製品の数量　Z：企業全体の限界利益

図解法はグラフを用いた手法であるが、その前提として問題を正しく数式化することが重要である。P154の数値例における制約条件と目的関数を数式で表すと上表のとおりとなる。

✚ PLUS 1

　製品種類が2つの場合には図解法で最適プロダクト・ミックスを決定することができますが、製品の種類が多くなると、図解法では対応できないため、シンプレックス法という手法を用いる必要があります。シンプレックス法によれば、変数が多い場合であっても最適解を決定することが可能ですが、手法そのものが高度であること、考え方の基本は図解法と同様であることから、まずは図解法を理解し、使えるようになっておくことが大切です。

プロダクト・ミックスの意思決定
線形計画法 図解法②

- グラフに制約条件を書き入れる
- 制約条件で囲まれる領域の端点に最適解がある
- 目的関数の値が最大となる点が最適解

制約条件をすべてグラフに落とし込む

　図解法による最適プロダクト・ミックスの決定に関して、前項で説明した問題の定式化の次は、②グラフの作成と、③最適解の特定に進みます。

　まず、横軸をX製品の数量、縦軸をY製品の数量とするグラフに、2つの制約条件を書き入れます。また、XとYの数量がマイナスになることはないため（非負条件）、各制約条件が交わってできる端点（a、b、c、d）によって囲まれる多角形の内部が**非負条件を含むすべての制約条件を満たす**XとYの組み合わせ、すなわちプロダクト・ミックスということになります。この領域のうち、目的関数によって表される**限界利益を最大化するポイントがXとYの最適解、つまり最適プロダクト・ミックス**ということになります。

グラフから最適解を見つける

　目的関数の値が最大となる最適解は、この領域のうち端点のいずれかにあることは明らかです。したがって、**各端点における目的関数の値をそれぞれ計算した結果、最大になる点が最適解**となります。

　P159の例でいうと、端点aからdにおけるX及びYの値と、これによって求められる目的関数の値は、点c（X=28,000、Y=90,000）において目的関数の値（限界利益）が最大となっているため、これが最適解となります。

　つまり、X製品28,000個、Y製品90,000個の組み合わせが、**限界利益を最大化する最適プロダクト・ミックス**となるのです。

MEMO ▶ 図解法によって求めた最適プロダクト・ミックスと、P154の考え方で求めた最適プロダクト・ミックスが同じ数値となっていることに注目。より数学的に結論を出す手法が図解法であると考えればよい。

図解法で最適プロダクト・ミックスを決定する

図解法による最適プロダクト・ミックスの決定について、具体的な数値を用いて確認する。図解法の手順のうち、①問題の定式化についてはP157のとおりであるため、ここでは主に②グラフの作成と③最適解の特定を確認する。

≫ 図解法による最適プロダクト・ミックスの決定

① 問題の定式化

生産上の制約条件	$5X+2Y \leqq 320,000$
販売上の制約条件	$Y \leqq 90,000$
非負条件	$X \geqq 0$、$Y \geqq 0$

▽ 制約条件をグラフ化する

② グラフの作成

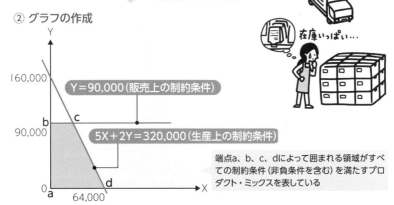

Y=90,000（販売上の制約条件）

5X+2Y=320,000（生産上の制約条件）

端点a、b、c、dによって囲まれる領域がすべての制約条件（非負条件を含む）を満たすプロダクト・ミックスを表している

▽ 各端点における目的関数の値を求め、
最大になる点が最適プロダクト・ミックス

③ 最適解の特定

端点	変数（製品の数量）		目的関数（限界利益）の値
	X	Y	$1,200X+1,000Y$
a	0	0	0
b	0	90,000	90,000,000
c	28,000	90,000	123,600,000
d	64,000	0	76,800,000

結論がP155と同じであることを確認してください

点cは5X+2Y=320,000とY=90,000の交点であるため、前者の式にY=90,000を当てはめれば、Xの値は28,000だとわかる。これでX、Yの値が判明したため、目的関数の値が求められる。

┃ 人間心理と意思決定 ┃

　綿密な計画と経済計算を行い、プロジェクトを立ち上げて遂行したものの、環境の変化や予期せぬ困難のために、見通しが悪化して赤字の計画に転換してしまうことがあります。このようなケースでは、プロジェクト完了後に計上する赤字と現時点の赤字を比較して、前者が大きければ今のうちに撤退することが正しい判断になります。

　しかし、これまでに費やした資金や労力をもったいなく感じてしまい、投資のストップを躊躇してしまうことがあります。このような人間心理は、サンクコスト効果と呼ばれます。サンクコストとは、新規事業などに投じた資金などで、その事業の中止や廃止を決定したとしても、回収が見込めない費用のことを言います。サンクコスト効果とは、そのような回収不可能となった資金を心残りに思い、さらに多くの資金を投じてしまう人間心理のことをいいます。

　1976年〜2003年まで営業飛行したコンコルド(イギリス、フランスの超音速旅客機)は大きな赤字事業となってしまいましたが、このような心理現象が原因であるといわれています。もともとコンコルドは機体コストと座席数から収支が見合わないだけでなく、騒音被害から黒字化は絶望的との試算がされました。しかし、事業は継続されて多額の赤字を計上してしまいました。そのため、サンクコスト効果はコンコルド効果ともいわれます。

PART 6

戦略的意思決定のための管理会計

戦略的意思決定とは、企業の経営を大きく左右する意思決定のことで、経営者や取締役などの役員クラスが行います。新規事業や海外進出、M&Aなど、会社の方針の根本にかかわり、大きく影響を与えます。このような重大な意思決定にも管理会計は役に立ちます。

戦略的意思決定と設備投資意思決定

POINT
- 設備投資により儲かるかどうかで意思決定する
- 複数案ある場合、もっとも有利な案を採用する
- 設備投資は長期的な意思決定である

戦略的意思決定とは長期的な意思決定である

　戦略的意思決定は、PART5で見てきた業務的意思決定とは異なり、**経営構造の変革を伴うような長期的な意思決定**であり、その典型例が設備投資意思決定です。例えば、新たな機械設備を導入して新製品を製造販売する案があるとして、この投資案を実行することで採算がとれるのかどうかを評価したり、複数の投資案がある場合に、どの投資案を採用するのがもっとも有利かを決定したりするために役立つ、管理会計の考え方です。

設備投資意思決定における視点

　例えば、新たな設備に6,000千円を投資して、新製品の製造販売を行うプロジェクトを検討しているとします。新製品は、設備の耐用年数である3年間にわたって製造販売する計画であり、その間の損益がP163のとおりに見積もられている場合、この投資案は実行すべきでしょうか。結論としては儲かるプロジェクトであれば実行すべきということになりますが、儲かるかどうかは、具体的にどのように判断すればよいのでしょうか。

　設備投資意思決定において重要な視点は、①**プロジェクト全体の期間で判断すること**、②**利益ではなくキャッシュ・フローの概念を使用すること**、③**貨幣の時間価値を考慮する**ことです。これらはいずれも設備投資意思決定が長期的な意思決定であるという性質に起因するものです。次項から1つずつ、順番に見ていきましょう。

用語解説 耐用年数　固定資産を通常の用途・方法で使用した場合に、その資産がもつ本来の役割を果たすことができるとみなされる期間。固定資産の使用可能期間と考えればよい。

設備投資意思決定の特徴

設備投資意思決定は、戦略的意思決定の典型例である。設備投資意思決定は、業務的意思決定とは異なり長期的な意思決定であることから、これに起因した特徴的な視点が必要となる。

》 設備投資案の例

設備投資額　6,000千円（耐用年数は3年）

損益計算書　　　　　　　　　　　　　　　　　　　　　（単位：千円）

	1年目	2年目	3年目	合 計
売上高	8,000	12,000	15,000	35,000
諸経費	7,000	8,500	11,000	26,500
減価償却費	2,000	2,000	2,000	6,000
営業利益	△1,000	1,500	2,000	2,500

設備投資額6,000千円、プロジェクト期間3年の投資案を実行すべきかどうかを検討している。この投資案が儲かるプロジェクトであるかどうかはどのように判断すればよいか。

》 設備投資意思決定におけるポイント

設備投資意思決定は
長期的な意思決定

① プロジェクト全体の期間で判断する
② 利益ではなくキャッシュ・フローの概念を使用する
③ 貨幣の時間価値を考慮する

設備投資意思決定をするにあたっては、P164～187で解説しているようにさまざまな要素を検討しなければなりませんし、P188以降で紹介しているように、意思決定のための手法もさまざま存在し、どの手法で判断するかによって結論が変わる可能性があります。この前提条件だけでは、一概に「すべき」「すべきではない」の判断ができないため、この設例の答えは明示しておりません

➕ PLUS 1

貨幣の時間価値（P170参照）を考慮するにあたっては、利子が重要な要素となります。利子とは、お金を貸し借りする際に一定の割合で支払われるお金のことです。「利息」も基本的には「利子」と同じ意味で使われますが、お金を借り入れた際に支払う場合には「利息」、預金に対して受け取る場合には「利子」を使うのが一般的です。また、これと混同しやすい言葉に「金利」があります。「金利」は元金に対する利子（利息）の割合をパーセンテージで表したもので、「利率」も同様の意味です。

設備投資意思決定
期間とキャッシュ・フロー

POINT
- 単年度ではなくプロジェクト全体で判断する
- 利益ではなくキャッシュ・フローで判断する
- 貨幣の時間価値を考慮する

どの期間で投資案を評価すべきか

　ここでは、設備投資意思決定における基本的な考え方について、数値例を通して確認します。

　P165の損益計算書を見てみると、2年目以降は営業利益がプラスに転じているものの、1年目はマイナスです。よって、1年目だけで判断すると、この投資案は失敗であるようにも見えます。しかし、この投資案は3年間のプロジェクトであるため、**プロジェクト全体の期間である3年間で評価すべき**です。

どの数字で投資案を評価すべきか

　ただし、3年間の営業利益は合計で2,500千円であり、投資額6,000千円を下回る見込みです。やはりこの投資案は却下すべきなのでしょうか。

　ここでポイントとなるのが減価償却費です。減価償却費は利益の計算にあたって控除されるべき費用ではあるものの、実際の支出は伴いません。したがって、減価償却費を控除した後の利益と比較してしまうと、投資の結果としていくら儲かったのかを適切に判断することができません。**投資という支出の見返りとして、どれだけの収入が得られるかが重要**なのです。そのため、**営業利益に減価償却費を足し戻したキャッシュ・フローで判断する**必要があります。

　キャッシュ・フローの合計は8,500千円で、投資額6,000千円を上回っており、この投資案は十分に採算がとれていると判断できます。さらに適切な判断を行うためには、P170で説明する貨幣の時間価値という概念が必要となります。

用語解説 減価償却費　固定資産の取得価額（投資額）を耐用年数にわたって費用配分したもの。「固定資産はときの経過とともに価値が減少する」という考え方に基づく会計上の技術。

設備投資意思決定の基本的な考え方を理解する

設備投資意思決定においては、プロジェクト期間の全体として儲かるかどうかが重要である。また、儲かるかどうかは、利益ではなくキャッシュ（現金）を基準に評価する。

≫ どの期間のどの数字で評価すべきか

設備投資額　6,000千円（耐用年数は3年）

損益計算書 （単位：千円）

	1年目	2年目	3年目	合 計
売上高	8,000	12,000	15,000	35,000
諸経費	7,000	8,500	11,000	26,500
償却前利益	1,000	3,500	4,000	8,500
減価償却費	2,000	2,000	2,000	6,000
営業利益	△1,000	1,500	2,000	2,500

減価償却費2,000千円＝投資額6,000千円÷耐用年数3年

1年目の営業損益は赤字で、プロジェクト期間全体の営業利益も投資額を下回っている。この投資案は実行すべきではないのだろうか。

≫ プロジェクト期間全体のキャッシュ・フローで判断

キャッシュ・フローの算定

（単位：千円）

	1年目	2年目	3年目	合 計
営業利益	△1,000	1,500	2,000	2,500
減価償却費	2,000	2,000	2,000	6,000
キャッシュ・フロー	1,000	3,500	4,000	8,500

営業利益に減価償却費を足し戻せばキャッシュ・フローが算定できます。上記P/L（損益計算書）の償却前利益と一致します

単年度ではなくプロジェクト期間全体で、また、利益ではなくキャッシュ・フローで投資案を評価する。また、より適切に評価するために、貨幣の時間価値も考慮する。

キャッシュ・フローの概念

POINT

- 設備投資では正味CIFをいかに獲得できるかが重要
- 設備投資意思決定で考慮すべきCFは、投資額、年々の正味キャッシュ・インフロー、売却額の3つ

キャッシュ・インフローをどれだけ獲得できるかが重要

　ここで、キャッシュ・フロー（CF）の概念について確認しておきます。

　利益とは、収益から費用を控除したものですが、その収益や費用は必ずしも現金収入や支出があったときだけに計上されるわけではありません。例えば、売上高は商品の販売やサービス提供の事実が発生していれば、代金の回収がまだであっても収益として計上されることがあります。費用についても同様です。

　一方、**キャッシュ・フローは、現金がいくら入ってきて（キャッシュ・インフロー、CIF）、いくら出ていったか（キャッシュ・アウトフロー、COF）という概念**です。なかでも、**キャッシュ・インフローとキャッシュ・アウトフローの差額を正味キャッシュ・インフロー（正味CIF）**といい、設備投資においてはプロジェクト期間においてこの正味キャッシュ・インフローをどれだけ獲得できるかが重要になります。

設備投資意思決定において考慮すべきキャッシュ・フロー

　設備投資意思決定において考慮すべきキャッシュ・フローは、**①固定資産への投資額、②プロジェクト期間における年々の正味キャッシュ・インフロー、③投資終了時における固定資産の売却額**です。①は固定資産の取得価額であり、プロジェクトにおける投資額（キャッシュ・アウトフロー）、②は投資案の実行によってプロジェクト期間中に得られる正味キャッシュ・インフローです。また、③については、投資の終了時に固定資産を売却できる場合には、これに係る正味キャッシュ・インフローが発生します。

MEMO　キャッシュ・アウトフローを伴わない費用の典型的な例が減価償却費である。支出のあった時点では固定資産として計上して費用の認識は行わず、その後の耐用年数にわたって費用配分される。

設備投資意思決定におけるキャッシュ・フロー

利益とキャッシュ・フローは、その概念が異なることから通常は一致しない。設備投資意思決定で考慮しなければならないキャッシュ・フローは主に3つである。

≫ キャッシュ・フローと利益の違い

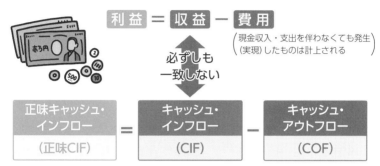

利益 ＝ 収益 － 費用

（現金収入・支出を伴わなくても発生（実現）したものは計上される）

| 正味キャッシュ・インフロー
（正味CIF） | ＝ | キャッシュ・インフロー
（CIF） | － | キャッシュ・アウトフロー
（COF） |

利益の構成要素である収益と費用には、キャッシュの出入金を伴わないものも含まれているため、利益とキャッシュ・フローは通常一致しない。

≫ 設備投資意思決定において考慮すべきCF

① 固定資産への投資額
② プロジェクト期間における年々の正味キャッシュ・インフロー
③ 投資終了時における固定資産の売却額

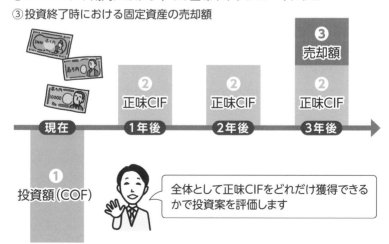

全体として正味CIFをどれだけ獲得できるかで投資案を評価します

設備投資意思決定で考慮しなければならないキャッシュ・フローは3つ。これら全体で正味CIFがどれだけ増えるかによって投資案を評価する。

キャッシュ・フローの算定

POINT

- 利益に減価償却費を足し戻すことで算定する
- 法人税等によるキャッシュ・アウトも考慮する
- 減価償却費はタックス・シールドを有している

キャッシュ・フローの計算方法

　毎年の**正味キャッシュ・インフローは、設備投資意思決定におけるキャッシュ・フローの1つ**です。計算方法を確認しておきましょう。

　ある投資案について考えてみましょう。利益は、売上高から減価償却費を含む費用を控除して算定されますが、減価償却費はキャッシュを伴わないため、正味キャッシュ・インフローは、利益に減価償却費を足し戻して算定されます。

法人税を考慮した場合

　しかし、実際には**企業は稼いだ利益に応じて法人税などの税金を納める義務がある**ため、これによるキャッシュ・アウトフローを考慮する必要があります。そこで、実効税率を30%として、法人税等を考慮した損益予測を立てます。法人税等は利益に対して課されるため、売上高から減価償却費を含む費用を控除した税引前利益に、税率を乗じた額がキャッシュ・アウトすることになります。したがって、税金を支払った後の正味キャッシュ・インフローは、税引前利益から法人税等を控除後、今度は減価償却費を足し戻した額となります。また、税引前の正味キャッシュ・インフローに（1－税率）を乗じた額に、減価償却費に税率を乗じた額を足すことでも求めることができます。

　この**「減価償却費×実効税率」**の部分をタックス・シールドといいます。減価償却費はキャッシュを伴わないため、**税率を乗じた金額だけ節税効果**があります。

用語解説 **実効税率**　法人税だけでなく住民税や事業税も含む利益に対して課される税金の総合的な税率。各税目の表面的な税率を使って所定の方法により計算され、企業にとっての実質的な税負担率を表す。

キャッシュ・フローを算定する

　キャッシュ・フローの基本的な考え方を理解したうえで、法人税等を考慮した場合の算定方法と、減価償却費による節税効果（タックス・シールド）の概念を確認する。

》法人税等を考慮しない場合の正味CIFの計算

ある投資案における1年目の損益予測

売上高	1,500（すべてCIFを伴うもの）
費用	600（すべてCOFを伴うもの）
減価償却費	400
利益	500

正味CIFの算定

正味CIF900＝利益500＋減価償却費400

または

正味CIF900＝売上高(CIF)1,500－費用(COF)600

利益に減価償却費を足し戻す方法のほか、売上高からキャッシュを伴う費用のみを控除することによっても正味キャッシュ・インフローを算定することができる。

》法人税等を考慮した場合の正味CIFの計算

ある投資案における1年目の損益予測

売上高	1,500（すべてCIFを伴うもの）
費用	600（すべてCOFを伴うもの）
減価償却費	400
税引前利益	500
法人税等	150（利益に対する税率は30%とする）
税引後利益	350

法人税等はキャッシュ・アウトを伴うため、法人税等を考慮しない場合と比較して、この部分だけ正味キャッシュ・インフローが減少します

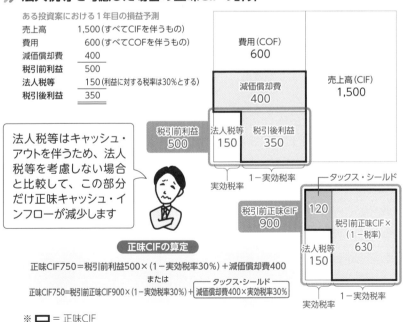

正味CIFの算定

正味CIF750＝税引前利益500×（1－実効税率30%）＋減価償却費400

または

正味CIF750＝税引前正味CIF900×（1－実効税率30%）＋減価償却費400×実効税率30%

※ □ ＝ 正味CIF

貨幣の時間価値

POINT

● 現在受け取る貨幣額は将来受け取る同額の貨幣額より価値が大きい。これを貨幣の時間価値という
● キャッシュ・フローが生じるタイミングが重要

貨幣は運用することにより価値が増加する

　設備投資意思決定では、**対象期間が長期にわたるため、貨幣の時間価値を考慮する**必要があります。現在入手できる貨幣額と将来入手できる同額の貨幣額とでは価値が異なり、現在入手できる貨幣額のほうが価値が高いのです。

　例えば、いま100,000円を受け取るのと3年後に100,000円を受け取るのとではどちらが有利でしょうか。仮にいま100,000円を受け取り、この資金を年利率3%の銀行預金で運用したとすると、年々利子分だけ資金が増加し3年後には109,273円となります。つまり、現在100,000円を受け取れば、運用によって時間の経過とともにその価値が増加していくため、3年後に受け取る100,000円よりも**時間価値に相当する金額だけ価値が高い**ということになります。

設備投資意思決定ではキャッシュ・フローのタイミングが重要

　このように、キャッシュは時間価値を有しているため、設備投資意思決定のように長期的な意思決定においては、**表面的な金額のみで判断するのではなく、時間価値を考慮する**必要があります。

　例えば、P171のようにいずれも投資期間は3年、期間内で得られる正味キャッシュ・インフローの合計は同額である2つの投資案があった場合、B案のほうが早い時期により多くのキャッシュを得られるため、A案よりも有利になります。このように、設備投資意思決定では、**どのタイミングでキャッシュ・フローが生じるかを見極めることが重要**なのです。

MEMO 仮に3年後に100,000円を受け取るとした場合には、利率3%で運用する機会を失っているとも考えられる。つまり、機会原価の考え方によってもどちらが有利か判断することができる。

貨幣の時間価値を理解する

　貨幣の時間価値を理解するために、いま100,000円を受け取った場合と3年後に100,000円を受け取った場合とを比較する。長期的な意思決定においてはキャッシュが生じるタイミングが重要になる。

》 貨幣の時間価値とはどのような概念か

いま100,000円を受け取り年利率３％で運用した場合と、3年後に100,000円を受け取る場合を確認する。

● いま100,000円を受け取った場合

● 3年後に100,000円を受け取る場合

年利率3%の預金で運用すると、3年後には100,000円×(1+0.03)³＝109,273円となる（現実の金利はもっと低いが、説明の便宜上３％としている）。

いま100,000円を受け取ると運用によって3年後には109,273円にまで増加するため、3年後に100,000円を受け取るよりも有利です

》 投資期間とCF合計が同じ投資案の比較

A案 正味CIF	1年後	2年後	3年後	合計
	1,000	2,000	3,000	6,000

B案 正味CIF	1年後	2年後	3年後	合計
	3,000	2,000	1,000	6,000

時間価値を考慮すると、より早いタイミングで多くのキャッシュを得られる B案 のほうが有利

A案もB案も3年間で得られる正味CIFは同額。ただし、B案の方が早いタイミングで多くのキャッシュを得られるため、その分、運用に回せる金額も大きくなり、有利となる。

貨幣の時間価値
割引現在価値の算定

POINT
- 将来価値を現在価値に換算した金額が割引現在価値
- 設備投資意思決定では、将来のCFは現在価値に割り引いたうえで判断する

将来の価額を現在価値に割り引く

　年利率3%で運用できることを前提とすると、現在の100,000円は、3年後には109,273円になります。つまり、100,000円の3年後における将来価値は109,273円です（P170参照）。では、3年後の100,000円の現在における価値はいくらになるでしょうか。**利率3%で3年間運用した結果が100,000円**になるように計算すればよいため、将来価値の計算とは逆に利率3%で割り戻すと、100,000円÷(1+0.03)³=91,514円となります。このように、**将来のキャッシュ・フローを現在価値に換算する**ことを、「割り引く」といい、割り引いた結果の現在価値を「割引現在価値」と呼びます。また、**割引計算に用いた率を「割引率」**といいます。

割引現在価値を算定して投資案を評価する

　設備投資意思決定においては、**将来のキャッシュ・フローは割引現在価値に換算したうえで、投資案の評価・比較を行う**必要があります。この点をP173の数値例で確認します。いずれの投資案も3年間で得られる正味CIFの合計額は同じですが、キャッシュが生じるタイミングが異なります。この点を踏まえて適切に比較するためには、**貨幣の時間価値を考慮して将来のキャッシュ・フローを現在価値に割り引く**必要があります。結論としては、より早いタイミングで多くのキャッシュを得ることができるB案が割引現在価値の合計が大きいため、投資額などの条件が同一であれば、B案が有利ということになります。

MEMO ▶ 将来のキャッシュ・フローを現在価値に換算する、すなわち割引現在価値の算定式の「1／(1＋r)ⁿ」の部分を現価係数という。「1／(1＋0.05)³≒0.8638」のように小数第4位の数字で表すことが多い。

割引現在価値を算定する

　将来のキャッシュ・フローを現在価値に換算する（割り引く）方法を確認する。設備投資意思決定においては、将来のキャッシュ・フローは割引現在価値に換算したうえで、投資案を評価する。

割引現在価値の算定式

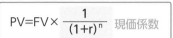

実務上はExcelなどの関数を使って計算すると簡単に計算できます

PV：現在価値（Present Value）　FV：将来価値（Future Value）
r：利子率（割引率）　　　　　　n：期間
将来価値を求めた際とは逆方向の計算、つまり、将来キャッシュ・フローを利率3%で割り戻せば、これを現在価値に換算することができる。

割引現在価値を算定して投資案を比較する

● 2つの投資案から得られる正味CIF

	1年後	2年後	3年後	合計
A案	1,000	2,000	3,000	6,000
B案	3,000	2,000	1,000	6,000

なお、割引率は5%とする

● A案の割引現在価値

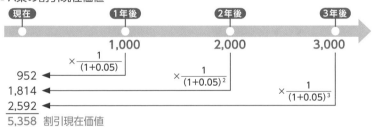

● B案の割引現在価値

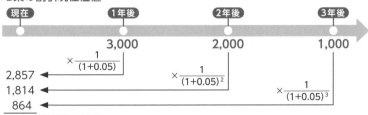

割引現在価値を比較すると、A案よりB案のほうが大きいため、B案のほうが有利です

A案とB案では正味CIFの合計額は同じだが、B案のほうがより早い時期に多くのキャッシュを得られる。そのため、割引現在価値ベースで比較するとB案の方が大きくなる。

資金調達と資本コスト

POINT
- 割引率には資本コストを使用する
- 資本コストは設備投資に必要な資金のコスト
- 資本コストは最低限必要な投資利益率を意味する

資金調達とそのコスト

　将来のキャッシュ・フローを現在価値に割り引く際の割引率には、通常、資本コストを使用します。**資本コストとは、設備投資のために必要となる資金を調達するのにかかるコスト**のことです。企業が設備投資をはじめとしたあらゆる事業活動を行うためには資金を調達する必要があります。資金の調達源泉（調達方法）は、金融機関からの借入金や社債のように返済が必要となる負債（他人資本）と、株主からの出資や企業自身が稼いだ利益（内部留保）など返済を必要としない株主資本（自己資本）とに大別されますが、いずれも調達にあたっては、コストを伴います。例えば、借入金や社債であれば債権者に対して利息を支払う必要がありますし、株主に対しては配当金や株式の値上がり益といった形でリターンを提供しなければなりません。このような**資金提供者への見返りを資本コスト**、負債として調達した資金にかかるコストを負債コスト、株主から調達した資金のコストを株主資本コストといいます。

資本コストは最低限必要な獲得すべき利益率

　企業が設備投資を行う場合、少なくとも資金調達にかかるコスト（資本コスト）を上回る利益をあげなければなりません。**資本コストは最低限必要な獲得すべき利益率**です。割引現在価値の算定においては、設備投資によって達成すべき利益率を用いて割り引くことになるため、割引率は最低でも資本コスト以上に設定する必要があり、通常は**資本コストをそのまま割引率として採用**します。

MEMO 内部留保は、資金を投資に回さず企業内部に留保することで、投資によって利益を獲得する機会を犠牲にしている（機会原価に該当する）ことになるため、やはり資本コストを伴っているといえる。

資金の調達源泉と資本コスト

設備投資を含む事業活動を行うためには資金を調達する必要がある。資金の調達源泉には負債と株主資本とがあり、いずれも調達にあたってコストを伴う。投資する場合には、このコストを上回る利益を獲得する必要がある。

≫ 資金の調達源泉とそれぞれの資本コスト

資本コスト 設備投資に必要な **資金の調達** にかかるコスト

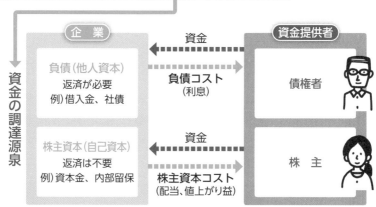

資金の調達源泉

企 業

負債(他人資本)
返済が必要
例)借入金、社債

資金
負債コスト
(利息)

株主資本(自己資本)
返済は不要
例)資本金、内部留保

資金
株主資本コスト
(配当、値上がり益)

資金提供者

債権者

株 主

資本コストを資金提供者の立場から見ると、企業への資金提供の見返りとして期待する利回りの水準ということになります

≫ 資本コストと投資の利益率の関係

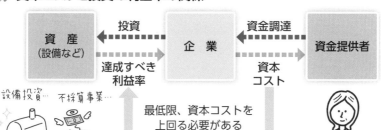

資産
(設備など)

投資

企 業

資金調達

資金提供者

達成すべき
利益率

資本
コスト

最低限、資本コストを
上回る必要がある

設備投資… 不採算事業…

経営資源を
どこに集中させるか…

資源

投資にあたっては、資金の調達にかかるコストを上回る利益をあげる必要がある。したがって、資本コストは最低限必要な獲得すべき利益率としての役割をもっている。

加重平均資本コスト（WACC）

POINT

- 資本コストは一般に加重平均資本コストを用いる
- 加重平均資本コストとは調達源泉別の資本コストを資本構成割合で加重平均したもの

資本コストは加重平均資本コストとして計算する

前項で説明したとおり、割引率は資本コスト以上に設定する必要があります。では、資本コストはどのように計算すればよいのでしょうか。**資本コストには資金の調達源泉の違いによって負債コストと株主資本コストがあり、それぞれで要求される利回りが異なる**ため、一般的には加重平均資本コスト（Weighted Average Cost of Capital:WACC）として計算します。加重平均資本コストとは、**調達源泉別の資本コストを、総資本（負債と株主資本の合計）に占める各調達源泉の構成割合で加重平均した率**のことです。

加重平均資本コストの計算方法

加重平均資本コストの計算方法を設例で確認しておきましょう。ある企業の資本構成が負債6,000百万円、株主資本4,000百万円であり、資本コストは負債コスト3%、株主資本コスト6%であったとします。この場合、負債の調達にかかるコストは調達額6,000百万円に負債コスト率3%を乗じた180百万円、株主資本の調達コストは調達額4,000百万円に株主資本コスト率6%を乗じた240百万円であると計算されます。調達コストの合計は420百万円であるため、総資本（調達額の合計）10,000百万円に対する率は4.2%と計算され、これが企業の資本コストとなります。

このように、**調達源泉のボリュームの違いを計算に反映させたもの**を加重平均資本コストといいます。

MEMO 貸借対照表においては貸方（右側）で資金の調達源泉が、借方（左側）で資金の運用形態が表現される。貸方はさらに調達源泉別に負債の部と純資産の部に分かれる。

加重平均資本コスト（WACC）の算定

資本コストは一般的には加重平均資本コスト（WACC。通常ワックと読む）として計算される。WACCとは、調達源泉別の資本コストを、総資本に占める各調達源泉の構成割合で加重平均した率をいう。

≫ WACCの計算方法

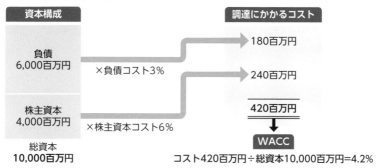

負債コスト3％と株主資本コスト6％を単純平均してしまうと、調達源泉ごとのボリューム（構成割合）が反映されないため、加重平均する必要がある。

≫ WACCの計算式

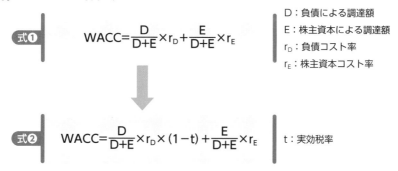

式❶
$$WACC = \frac{D}{D+E} \times r_D + \frac{E}{D+E} \times r_E$$

D：負債による調達額
E：株主資本による調達額
r_D：負債コスト率
r_E：株主資本コスト率

式❷
$$WACC = \frac{D}{D+E} \times r_D \times (1-t) + \frac{E}{D+E} \times r_E$$

t：実効税率

WACCの計算式の基本形は式①のとおり。ただし、負債コストには節税効果があるため、これを考慮した式②がより正確なWACCの計算式ということになる。

このページでは式①が理解できれば十分です。負債コストの節税効果については次項で詳しく説明しますので、その後改めて式②を確認してみてください

負債コストの節税効果

POINT

- 利息は負債コストに該当する
- 利息には節税効果がある
- 契約上の利率に（1－税率）を乗じる

負債の資本コストには節税効果がある

　資本コストは、一般に、**負債コストと株主資本コストを調達源泉の構成割合で加重平均した加重平均資本コストとして計算**されます。ここでは、加重平均資本コストの構成要素のうち、負債コストの計算方法について確認します。例えば、金融機関から借入を行っている場合には、支払利息が発生します。また、社債の発行により資金を調達している場合も、債権者に社債利息を支払う必要があります。したがって、**これらの利息が、負債によって資金調達する場合の資本コスト**になります。ただし、これらの利息には節税効果（タックス・シールド）があるため、**契約上の利率をそのまま負債コストとして使用すべきではありません。**

負債コストは税引前の利率に（1－実効税率）を乗じて算定する

　ここで、負債による調達がない場合の損益計算書（P179ケース①）と、借入がある場合の損益計算書（ケース②）とを比較してみます。ケース②では支払利息200が費用として計上されているため、税引前利益はケース②の方が200（＝600－400）小さくなっています。しかし、利益の減少に伴って法人税等も60（＝180－120）減少するため、最終的な税引後利益の減少は140（＝420－280）にとどまっています。**支払利息の計上には税負担を減らす効果（節税効果）がある**ことから、借入による実質的なコストは、「支払利息200×（1－税率30%）＝140」となります。したがって、負債コストは、契約上の利率、すなわち**税引前の利率に（1－実効税率）を乗じて算定する**必要があります。

用語解説 社債 企業が発行する債券で資金調達手段の1つ。債券であるため、満期までの元本の返済と利息の支払いが必要となる。

負債コストの算定

負債がある場合、これにかかる利息が費用として計上されるため利益が減少するが、これに伴い税負担額も減少する。負債コストの計算においては、この節税効果を織り込む必要がある。

》 負債の節税効果を理解する

ケース❶ 借入金がない場合	
売上高	1,000
原価・販管費	400
支払利息	0
税引前利益	600
法人税等	180
税引後利益	420

実効税率は30%とする

ケース❷ 借入金がある場合	
売上高	1,000
原価・販管費	400
支払利息	200
税引前利益	400
法人税等	120
税引後利益	280

税引前利益が**200**減少

⇒その分、法人税等も**60**減少

⇒税引後利益の減少は**140**だけ

借入による
実質的なコストの増加

支払利息200×(1−税率30%)＝140

支払利息200の計上により法人税等が60(＝200×実効税率30%) 減少している。この税金の減少分が、支払利息の節税効果(タックス・シールド)ということになる。

╋ PLUS 1

前提条件として、借入の契約上の利率が2%、実効税率が30%であった場合の負債コストの計算は利率2%×(1−実効税率30%)＝1.4%となります。借入金の契約上の利率2%がそのまま負債コストになるわけではなく、節税効果を考慮して(1−実効税率)を乗じて算出した1.4%が負債コストになります。

株主資本コストとCAPM

POINT

- 株主資本コストは株主の期待収益率である
- 株主資本コストはCAPMを用いて推定する
- CAPMではリスクに応じた株主資本コストが算定される

株主資本コストは資本資産評価モデルを使って推定する

　株主資本コストは、**資金提供者である株主が出資の見返りとして要求するリターン**、すなわち、**株主が企業に対して期待する収益率（期待収益率）**です。しかし、株主が期待する収益率である以上、具体的にどの程度の利益を期待しているのかを正確に把握することは困難です。つまり、株主資本コストは債権者に対する支払利息の利率が契約によって明確である負債コストとは異なり、直接的に観察することができません。そのため、**一定のモデルにしたがって推定する**必要があります。その際に利用されるのが資本資産評価モデル（Capital Asset Pricing Model：CAPM）です。

投資家が期待する収益率を推定する

　CAPMは、個別企業の株式がもつリスクから、**当該株式に投資する投資家がどの程度の収益率を期待するのかを推定するモデル**です。ここでのリスクとは、株式の価値やリターンが変動する可能性、すなわち変動幅の大きさを意味しています。リスクが大きい株式は株価が大きく変動する可能性が高く、リスクが小さい株式は株価は安定していて変動幅が小さいということになります。CAPMでは、このような個別企業がもつリスクを評価し、これに**見合うリターンとして株主資本コストを推定**します。すなわち、リスクの大きい企業に投資する場合は要求するリターンも大きくなり、安定性を求めてリスクが小さい企業に投資するのであればリターンが小さくても許容できるという考え方です。

MEMO ▶ 株式投資において、リスクとリターンはトレードオフの関係にある。したがって、大きなリターンを得ようとするならばリスクは大きくなり、リスクを抑えたいのであればリターンは小さくなる。

株主資本コストとCAPMの考え方

　株主資本コストは株主の期待収益率であり、負債コストとは異なって直接的に観察できないため、資本資産評価モデル（CAPM。通常キャップエムと読む）を利用して算定する。

》 株主資本コストをどのように算定するか

株主資本コスト

株主の期待収益率

株主が期待する収益率は直接観察することができない

期待収益率は…

資本資産評価モデル（CAPM）
によって推定

負債コストであれば、契約書等によって支払利息の利率を容易に確認することができます

株主資本コストは、負債コストのように直接的にその値を観察することができないため一定のモデルを用いて推定する必要がある。

》 CAPMの基本的な考え方

CAPM

個別企業の株主がもつ**リスク**から、当該株式に投資する投資家の
期待収益率（株主資本コスト）を推定するモデル

リスク●株式の価値やリターンが変動する可能性、変動幅の大きさ

リスク**大** 株価の変動が大きい
↓
要求するリターンは大きい（ハイリスク・ハイリターン）

リスク**小** 株価の変動が小さい
↓
要求するリターンは小さい（ローリスク・ローリターン）

CAPMは、個別企業がもつリスクを評価し、これに見合うリターンとして株主資本コストを推定するモデルである。リスクが大きければリターンも大きく計算される。

CAPM
10年物の国債利回りを使用する

- 株主資本コストは、リスクフリーレートに個別企業の株式のリスクプレミアムを上乗せして算定する
- リスクフリーレートには国債利回りを使用する

リスクに見合ったリターンを計算する

CAPMによる株主資本コストの算定式を簡潔に表すと、「**株主資本コスト＝リスクフリーレート＋個別企業の株式のリスクプレミアム**」となります。リスクフリーレートとはリスクがない（もしくは極めて小さい）資産に投資した場合の収益率であり、これに株主資本コストの計算対象となっている個別企業の株式のリスクに見合った収益率（リスクプレミアム）を上乗せすることで、個別株式の期待収益率、すなわち株主資本コストを算定するという構造になっています。

リスクに見合ったリターンを計算するというのがCAPMの基本的な考え方で、投資家としては、リスクのない安全な資産ではなく、リスクを受け入れて個別株式に投資している分、その対価としてはリスクフリーレートよりも大きなリターンを期待します。企業のリスクが大きくなればなるほど、リスクプレミアムの部分が膨らみ、結果として、算定される株主資本コストは大きくなります。

国債は確実にリターンを得ることができる安全資産

リスクフリーレートとしては、**10年物の日本国債の利回りを使用するのが一般的**です。国債とは国が発行する債券で、国債に投資すると定期的に利息が支払われ、満期が到来すれば元本の返済を受けることができます。**発行体である国が破綻しない限りはこれらのリターンを得ることができる**ため、通常はリスクがゼロ、つまり**確実にリターンを得ることができる安全資産**であると考えられており、CAPMでは国債の利率をリスクフリーレートとして使用します。

MEMO 外国債には為替変動リスクがあるためリスクがゼロであるとはいえず、したがって、リスクフリーレートとしては日本国債の利回りを使用するのが一般的である。

CAPMとリスクフリーレート

　CAPMによると、株主資本コストはリスクフリーレートに個別株式のリスクプレミアムを上乗せした値として算定される。リスクフリーレートはリスクがない資産の収益率であり、通常は国債利回りが使用される。

》 CAPMによる株主資本コストの算定式の概要

算定式

株主資本コスト＝リスクフリーレート＋個別企業の株式のリスクプレミアム

考え方

個別企業の株式に投資した場合の期待収益率	＝	リスクがゼロの資産に投資した場合の収益率	＋	個別株式への投資に伴うリスクを受け入れたことの対価（上乗せ部分）
		リスクを負わなくても得られるリターン		リスクを負う分、追加的に求めるリターン

通常、10年物の日本国債の利回りを使用

リスクに見合ったリターンを計算するのがCAPMの基本的な考え方なので、リスクの大きい株式に投資すればリスクプレミアムが大きくなり、結果としての株主資本コストも大きく計算されます

CAPMでは、リスクがない資産の収益率（リスクフリーレート）に個別企業の株式のリスクに見合うプレミアム（リスクプレミアム）を上乗せすることで株主資本コストを算定する。

╋ PLUS 1

　リスクフリーレートを厳密に定義するならば「リスクがゼロ」の資産から得られる利回りということになりますが、実際にはリスクがゼロの資産は存在しません。そこで、「リスクがゼロに近い」ということで国債の利回りがリスクフリーレートとして用いられます。もちろん国が破綻する可能性も考えられますが、それでも企業が発行する株式や債券と比較すればリスクは極めて小さいといえます。なお、ひと口に国債といっても、新興国の方が日本や米国といった先進国よりも破綻の可能性が高いと考えられるため、その分だけ国債のリスクも大きいということになります。

CAPM
個別企業の株式のリスクプレミアム

POINT

- 個別株式のリスクプレミアムは、ベータ値にマーケットリスクプレミアムを乗じて算定する
- マーケットリスクプレミアムは市場全体のプレミアム

個別株式のリスクプレミアムの算定

　CAPMでは、**リスクフリーレートに個別企業の株式のリスクプレミアムを上乗せして株主資本コストを算定**します。このとき、個別企業の株式のリスクプレミアムは、「**個別企業の株式のベータ値×株式市場全体のリスクプレミアム（マーケットリスクプレミアム）**」として計算されます。すなわち、株式市場全体に投資した場合に期待されるプレミアム部分であるマーケットリスクプレミアムに、**個別企業の株式のリスク（株式市場全体に対する個別株式の感応度）を表すベータ値**を乗じることで、個別企業の株式のリスクプレミアムを算定するという考え方です。

ベータ値が高い企業は事業のリスクも高い

　リスクを負って株式市場に投資した場合には、当然無リスクの資産（国債）に投資した場合よりも大きなリターンが期待されます。この株式市場への投資によるリスクに見合った上乗せ部分、すなわち、**株式市場全体に投資した場合に期待する収益率が無リスク資産の収益率を超過する**部分をマーケットリスクプレミアムといいます。したがって、マーケットリスクプレミアムは、株式市場全体の期待収益率からリスクフリーレートを差し引いて算定されます。

　このようにして算定されたマーケットリスクプレミアムをもとにして個別企業の株式のリスクプレミアムを求めることになりますが、その際に用いられるのがベータ値です。ベータ値は、株式市場全体の動きに対する個別株式の感応度を表すもので、**ベータ値と事業のリスク度合いは連動**します。

用語解説 株式市場全体の期待収益率　株式市場全体に投資したと仮定した場合に期待される利回りで、過去の株式市場（日経平均やTOPIX）の収益率の平均値を用いる。

リスクプレミアムの算定

個別企業の株式のリスクプレミアムは、ベータ値にマーケットリスクプレミアムを乗じて算定する。マーケットリスクプレミアムは、株式市場全体に投資した場合に得られるプレミアム部分である。

≫ 個別企業の株式のリスクプレミアムの算定方法

株主資本コスト = リスクフリーレート ＋ 個別企業の株式のリスクプレミアム

個別企業の株式の リスクプレミアム	＝	個別企業の株式 のベータ値	×	株式市場全体のリスクプレミアム (マーケットリスクプレミアム)

個別株式のリスク：
株式市場全体に対する個別株式の感応度

株式市場全体に投資した場合に得られるプレミアム部分

株式市場全体の期待収益率 − リスクフリーレート

株式市場への投資に期待するリターン

リスクを負わなくても得られるリターン

個別企業の株式のリスクプレミアムは、株式市場全体と個別企業の株式の関係性 (ベータ値) を利用して求めるため、まずは株式市場全体のリスクプレミアム (マーケットリスクプレミアム) を算定する必要があります

● 個別企業の株式のリスクプレミアムの数値例 ●

リスクフリーレート ································	1%
株式市場全体の期待収益率 ·················	5%
ベータ値 ·······································	1.5

1.5 × (5% − 1%) ＝ 6%：個別企業の株式のリスクプレミアム

マーケットリスクプレミアムとは、株式市場全体のリスクプレミアムのこと。これに個別企業の株式のリスクを表すベータ値を乗じて個別企業の株式のリスクプレミアムを算定する。

CAPM
ベータ値を理解する

POINT

- ベータ値は株式市場全体のリターンの変動に対して、個別株式のリターンがどの程度変動するかを示す係数
- ベータ値が大きいほど株主資本コストも大きくなる

個別株式の利回りの変動幅を示す

　ベータ値は、**株式市場全体のリターンの変動と、個別企業の株式のリターンの変動との関係性を表した係数**で、株式市場全体の利回りの変動に対して、個別企業の株式の利回りがどれだけ変動するのかを示すものです。例えば、ある株式のベータ値が1.5であれば、株式市場全体（TOPIXや日経平均株価など）の利回りが10%上昇すると、当該株式の利回りは15%上昇し、逆に市場全体の利回りが10%下落すれば、当該株式の利回りは15%下落します。一方、ベータ値が0.5の場合は、市場全体の利回りが10%上昇しても個別企業の株式の利回りは5%しか上昇しませんが、市場全体が10%下落した局面でも当該株式の下落は5%にとどまります。すなわち、**ベータ値が大きいほどリターンの変動が激しく、その株式のリスクが大きい**ことを意味します。

CAPMによる株主資本コストの算定

　この個別企業の株式に係る**ベータ値をマーケットリスクプレミアムに乗じる**ことで個別企業の株式のリスクプレミアムが算定されます。そして、算定された**個別企業の株式のリスクプレミアムをリスクフリーレートに上乗せする**ことで、個別企業の株式の期待収益率、すなわち株主資本コストが求められます。したがって、CAPMによる株主資本コストの算定式をまとめると、「株主資本コスト＝リスクフリーレート＋ベータ値×（株式市場全体の期待収益率－リスクフリーレート）」となります。リスクが大きい企業のほうが、株主資本コストが大きく算定される結果となります。

MEMO ベータ値は、数学や統計学の知識があれば自ら算定することも可能ではあるが、実務上は東京証券取引所やロイター、ブルームバーグなどのウェブサイトを参照することが多い。

ベータ値とCAPMによる株主資本コストの算定

　ベータ値は、株式市場全体のリターンの変動に対して、個別株式のリターンがどの程度変動するか、すなわち個別株式のリスクの大きさを示しており、ベータ値が大きいほど株主資本コストは大きく算定される。

ベータ値の考え方

ベータ値：
株式市場全体の利回りの変動に対して、個別企業の株式の利回りがどれだけ変動するのかを示す

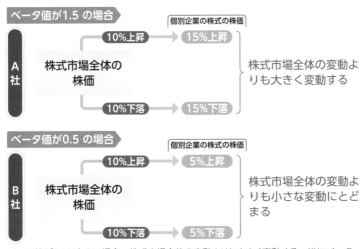

ベータ値が1より大きい場合、株式市場全体の変動よりも大きく変動する。逆にベータ値が1より小さい場合は、市場全体の変動よりも小さな変動にとどまる。

CAPMによる株主資本コストの算定式

算定式

株主資本コスト＝リスクフリーレート＋　ベータ値×（株式市場全体の期待収益率−リスクフリーレート）
　　　　　　　　　　　　　　　　　　①　　　　　②

①個別企業の株式のリスクプレミアム
②株式市場全体のリスクプレミアム（マーケットリスクプレミアム）

数値例

リスクフリーレート：1％
株式市場全体の期待収益率：5％
ベータ値：A 社1.5 B 社0.5

A社の株主資本コスト：1％＋1.5×（5％−1％）＝7％
B社の株主資本コスト：1％＋0.5×（5％−1％）＝3％

ベータ値は個別企業の株式のリスクの大きさを示している。ベータ値が大きい企業ほど、株主が期待するリターン、すなわち株主資本コストは大きくなる。

設備投資の経済性計算

POINT
- 設備投資の経済性計算とは投資案の定量的な評価
- 貨幣の時間価値を考慮する方法としない方法がある
- 時間価値を考慮するDCF法がより理論的な方法

設備投資の経済性計算の意義

ここまでは、設備投資意思決定における基礎概念として、キャッシュ・フローや貨幣の時間価値の考え方、また、割引率として使用する資本コストの算定方法などを確認してきました。ここからは**設備投資意思決定の具体的な方法**について検討します。設備投資意思決定においては、投資案を実行するか否かの決定や複数の投資案の比較を行うために、**投資案の経済性 (採算性) を計算する**ことになります。このように投資案の経済性を計算し、定量的に評価することを**設備投資の経済性計算**といいます。

目的やポイントによって採用する手法は変わる

設備投資の経済性計算の手法はさまざまですが、貨幣の時間価値を考慮する割引キャッシュ・フロー法 (Discounted Cash Flow Method：DCF法) と、貨幣の時間価値を考慮しない方法 (非DCF法) とに大別されます。投資の効果が長期にわたる設備投資意思決定では、**貨幣の時間価値が重要な要素**となるため、これを考慮したDCF法のほうがより合理的な手法であるといえますが、非DCF法にも計算が簡便で理解しやすいという長所があるため、採用されることもあります。**DCF法がもっとも理論的でありスタンダードな手法**ではあるものの、計算の目的や重視するポイントが何かによって採用すべき手法は変わってくるため、各手法の特徴を理解したうえで、実務上は適切に使い分けたり組み合わせたりして検討することが重要です。

MEMO 原価比較法や回収期間法は、分類上は非DCF法に属するが、貨幣の時間価値を考慮することは可能である。

設備投資の経済性計算とその手法

　投資案の経済性を計算し、定量的に評価することを設備投資の経済性計算という。経済性計算の手法はさまざまであるが、貨幣の時間価値を考慮する方法とこれを考慮しない方法に大別される。

》設備投資意思決定の基礎概念と経済性計算

設備投資意思決定における基礎概念

キャッシュ・フローの算定

貨幣の時間価値の考慮→割引現在価値の算定

割引率

資本コストの算定

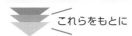これらをもとに

投資案の経済性を計算し、定量的に評価＝設備投資の経済性計算

設備投資の経済性計算では、設備投資意思決定における基礎概念であるキャッシュ・フローや貨幣の時間価値、資本コスト等に基づいて投資案を評価する。

》設備投資の経済性計算の代表的な手法

貨幣の時間価値		手法	特徴
考慮する	DCF法	・正味現在価値法 ・内部利益率法	貨幣の時間価値を考慮するため理論的に優れている
考慮しない	非DCF法	・原価比較法 ・回収期間法 ・投資利益率法	計算が簡便で理解しやすい

貨幣の時間価値を考慮するDCF法が理論的ではあるものの、実務上は簡便性を重視して非DCF法を使うこともある。また、複数の方法で投資案を評価することもある。

原価比較法

POINT
- 原価比較法では年額原価が低い案を有利と判断する
- 年額原価は資本回収費と操業費の合計
- 計算は容易であるが、拡張投資には適していない

年間の原価からどちらの案が有利なのかを判断する

原価比較法とは、**複数の代替案の原価を比較して、年間の原価が低い投資案を採用する**手法です。年間の原価を比較することから年額原価法ともいわれます。**年額原価は、資本回収費と操業費の合計**として計算します。設備投資を行うと当該設備の耐用年数にわたって減価償却費を計上することになりますが、この**減価償却費を資本回収費とする**ことが一般的です。また、操業費は設備を稼働させるために必要となるコストであり、労務費、動力費、維持費などが該当します。P191の数値例では2つの設備投資案が示されていますが、A案はB案と比較して年額原価が低く抑えられるため、有利であるという結論になります。

原価比較法のメリットとデメリット

このように、**原価比較法は原価だけを計算・比較の対象とする方法**であるため、計算が容易で理解しやすいという利点がある一方で、**投資の効果が原価のみならず収益にも及ぶような場合には適していない**という欠点があります。例えば、現状の売上高がそのまま続くことを前提にコスト削減を目的とした設備投資を計画しているような場合（これを取替投資といいます）であれば、**収益への影響を考慮する必要がなくコストのみを比較すれば足りる**ため、原価比較法は有益な手法となり得ますが、新設備の導入によって新たな収益の機会を増やすことを計画している場合（これを拡張投資といいます）には、コストのみを比較しても妥当な評価はできません。

用語解説 　資本回収費　投資された資本を回収するために必要な金額。上記のように簡便的に減価償却費を用いる方法のほか、資本コストを考慮して理論的に計算する方法もある。

原価比較法による設備投資の経済性計算

設備投資の経済性計算の手法として、まずは原価比較法について確認する。原価比較法は計算が単純で理解しやすい方法ではあるが、原価のみが意思決定のポイントとなる場面に利用が限定される。

≫ 原価比較法による意思決定の例

── 数値例 ──

	A案	B案	
設備投資額	60,000千円	45,000千円	・投資の効果が及ぶ期間(経済命数)は耐用年数と一致しているものとする
耐用年数	5年	3年	
年間の操業費	9,000千円	7,000千円	・減価償却はいずれも定額法によるものとする

年額原価の計算	A案	資本回収費(60,000千円÷5年=12,000千円)+操業費(9,000千円)=21,000千円
	B案	資本回収費(45,000千円÷3年=15,000千円)+操業費(7,000千円)=22,000千円

 結論 A案のほうがB案より年額原価が低いため、**A案が有利**

 原価比較法では、単純に年間の原価を集計して代替案と比較します

回収期間法

POINT

- 回収期間法では投資額の回収期間で評価する
- 回収期間法は投資の安全性の判断基準となる
- 全体としての収益性の評価には適していない

投資額を回収できる期間が短いほど有利

回収期間法とは、**当初の投資額を回収するのに要する期間を計算して有利不利を判断する手法**で、回収期間が短ければ短いほど有利であると評価できます。回収期間は、投資案の実行によって得られる年々のキャッシュ・フローによって当初の投資額が回収されるまでの期間です。したがって、**回収期間の算定式は「投資額÷年々の平均正味キャッシュ・インフロー」**となります。ただし、年によってキャッシュ・フローの変動が大きい場合には、年々の正味キャッシュ・インフローを累積して投資額と一致する時点までの期間を回収期間とします。

P193の数値例では、A案は年々のキャッシュ・フローが安定しているため平均正味キャッシュ・インフローを使用して回収期間を算定していますが、B案はキャッシュ・フローの変動が大きいため、年々の正味キャッシュ・インフローを累積する方法で回収期間を算定しています。この数値例ではB案のほうが、**回収期間が短いため有利**という結論になります。

回収期間法のメリットとデメリット

回収期間法も原価比較法と同様、計算が簡便で理解しやすい手法です。また、投資額の回収にかかる期間が短いほど、資金繰りの面でリスクが小さくなることから、**投資の安全性の判断基準としても優れています。**一方、短所は、投資額の回収後に生じるキャッシュ・フローを無視しており投資案全体としての収益性が考慮されていない点、貨幣の時間価値を加味していない点が挙げられます。

用語解説 割引回収期間法 貨幣の時間価値を加味した回収期間法。資本コストを考慮することで、貨幣の時間価値を無視しているという回収期間法の短所を解消することができる。

回収期間法による設備投資の経済性計算

回収期間法も計算が容易で理解しやすい手法であり、投資の安全性の判断基準としても優れている。ただし、投資回収後のキャッシュ・フローが無視されるため収益性の評価には向いていない。

》 回収期間法による意思決定の例

【 数値例 】

A案 当初の投資額 40,000千円
年々の正味キャッシュ・インフロー

1年目	2年目	3年目	4年目	5年目
12,700千円	12,500千円	12,400千円	12,600千円	12,300千円

B案 当初の投資額 60,000千円
年々の正味キャッシュ・インフロー

1年目	2年目	3年目	4年目	5年目
12,000千円	18,000千円	26,000千円	35,000千円	45,000千円

回収期間の計算

A案
- 平均正味キャッシュ・インフロー
  (12,700千円＋12,500千円＋12,400千円＋12,600千円＋12,300千円) ÷ 5年＝12,500千円
- 回収期間
  投資額40,000千円÷平均正味CIF12,500千円＝3.20年

B案
B案では年によってキャッシュ・インフローが大きく変動するため累積での回収期間を計算する。
- 3年目における累積正味キャッシュ・インフロー
  12,000千円＋18,000千円＋26,000千円＝56,000千円⇒投資額60,000千円に満たない
- 4年目における累積正味キャッシュ・インフロー
  56,000千円＋35,000千円＝91,000千円⇒投資額60,000千円を超える
- 回収期間
  3年＋(投資額60,000千円－3年目の累積正味CIF56,000千円)／(4年目の累積正味CIF91,000千円－3年目の累積正味CIF56,000千円)≒3.11年

 結論 B案のほうがA案より回収期間が短いため、B案が有利

A案は年々のキャッシュ・フローが安定しているため、平均値を使用している。B案は変動が大きいため、平均値を使用すると本来の回収期間とは乖離した結果となってしまう。

投資利益率法

POINT

- 投資利益率は年々の平均利益と投資額との比率
- 収益性の判断基準となる
- 貨幣の時間価値が考慮されない点が短所

投資利益率法で投資案を評価する

投資利益率 (Return On Investment：ROI) 法とは、**投資によって得られる年々の平均利益と投資額との比率 (投資利益率＝平均利益÷投資額) を算出し、これによって投資案を評価する**手法です。平均利益は、プロジェクトの経済命数 (経済価値を産み出せる期間) にわたって得られる利益の、1年あたりの平均値として算出します (平均利益＝全期間の利益合計÷経済命数)。ここで、非現金支出費用が減価償却費のみであることを前提として利益に減価償却費を足し戻せばキャッシュ・フローが算定できること、また、投資額は経済命数にわたって減価償却を通じて費用化(回収)されることを考慮すると、**全期間の利益合計は、全期間の正味キャッシュ・インフローの合計から減価償却費の合計、すなわち投資額を差し引けば算定することができます**。P195の数値例では、A案とB案のいずれも投資利益率は11.25%と算定されるため、投資利益率法を採用した場合には、2つの案の評価は同等という結論になります。

貨幣の時間価値は考慮されないデメリットがある

投資利益率法は、比較的計算が簡便なこと、**プロジェクトの全期間にわたっての利益を計算に反映するため収益性が考慮されている**ことなどが利点です。欠点は、貨幣の時間価値が考慮されていないことです。P195の数値例では2つの案が同等の評価となっていますが、B案は比較的早い時期に多くのキャッシュ・フローが得られます。この点が、評価にあたって考慮されていません。

用語解説 平均投資利益率　投資利益率の分母に総投資額ではなく平均投資額を用いる場合がある。この場合、投資額は期間を通じて減価償却により平均的に回収されるため、投資額の2分の1を平均投資額とみなす。

投資利益率法による設備投資の経済性計算

投資利益率法は比較的計算が簡便であり、計算要素の利益や投資額の把握も容易である。また、原価比較法や回収期間法とは異なり収益性が重視される点も長所であるが、貨幣の時間価値を考慮しない点は共通している。

》 投資利益率法による意思決定の例

数値例

A案 当初の投資額　40,000千円
年々の正味キャッシュ・インフロー

1年目	2年目	3年目	4年目	5年目
12,700千円	12,500千円	12,400千円	12,600千円	12,300千円

B案 当初の投資額　40,000千円
年々の正味キャッシュ・インフロー

1年目	2年目	3年目	4年目	5年目
15,000千円	14,500千円	13,000千円	12,000千円	8,000千円

・投資の効果が及ぶ期間（経済命数）は耐用年数（5年）と一致しているものとする
・減価償却はいずれも定額法によるものとする

投資利益率の計算

A案
- 全期間の正味キャッシュ・インフロー合計
12,700千円＋12,500千円＋12,400千円＋12,600千円＋12,300千円＝62,500千円
- 平均利益
（正味CIF合計62,500千円－投資額40,000千円）÷経済命数5年＝4,500千円
- 投資利益率
平均利益4,500千円÷投資額40,000千円＝11.25％

B案
- 全期間の正味キャッシュ・インフロー合計
15,000千円＋14,500千円＋13,000千円＋12,000千円＋8,000千円＝62,500千円
- 平均利益
（正味CIF合計62,500千円－投資額40,000千円）÷経済命数5年＝4,500千円
- 投資利益率
平均利益4,500千円÷投資額40,000千円＝11.25％

結論 A案とB案の投資利益率は等しいため、投資利益率法を採用した場合の評価は同じ

A案とB案では年々のキャッシュ・フローは異なるものの、利益の合計、投資額、プロジェクト期間は変わらないため、投資利益率は同じになる。

投資利益率法では時間価値が考慮されません

ザザー

PART **6** 戦略的意思決定のための管理会計

正味現在価値法

POINT

- 正味現在価値は「CIFの現在価値合計－投資額」
- 貨幣の時間価値を考慮した方法である
- 収益性指数法により短所を補完することも可能

貨幣の時間価値を加味し、かつもっとも理論的な手法

　これまで紹介してきた原価比較法、回収期間法、投資利益率法には貨幣の時間価値を考慮しないという共通の欠点がありました。この欠点を克服するのがDCF法（P188参照）であり、なかでももっとも理論的であるとされるのが正味現在価値法（Net Present Value Method：NPV法）です。

　正味現在価値法では、まず、**投資から得られる年々のキャッシュ・インフローを資本コストで割り引いた現在価値合計から、投資額を差し引いて、正味現在価値**を求めます。この正味現在価値が**正の値であればその投資案は採用され、負の値であれば棄却**されます。また、複数の投資案を比較する場合は、**正味現在価値が大きい投資案が有利**と判定されます。P197の数値例でいうと、将来のキャッシュ・インフロー（1年目：1,000千円、2年目：2,000千円、3年目：3,000千円）を資本コスト5％で割り引いて算出した現在価値の合計5,358千円から、投資額4,000千円を差し引いた1,358千円がこの投資案の正味現在価値となり、これが正の値であることから、この投資案は採用すべきという結論になります。

正味現在価値法の短所は補うことが可能

　投資案の評価の基準となる**正味現在価値は、絶対額であり投資額に対する資本効率が明らかにされない**という短所もあります。ただし、キャッシュ・インフローの現在価値合計を投資額で除して**投資に対するリターンの比率を算定（これを収益性指数法という）**することで、この短所を補うことは可能です。

196 **MEMO** 収益性指数法では、「キャッシュ・インフローの現在価値合計÷投資額」で求められる比率が100％よりも大きければその投資案は採用、100％よりも小さければ棄却される。

正味現在価値法による設備投資の経済性計算

正味現在価値法はDCF法に属しており、投資案の評価にあたって貨幣の時間価値を考慮する手法である。割引現在価値の算定は煩雑ではあるものの、理論的に優れた方法である。

》 正味現在価値法の意義

数値例

設備投資額　4,000千円（プロジェクトの経済命数は3年）
　年々のキャッシュ・インフロー

1年目	2年目	3年目	合計
1,000千円	2,000千円	3,000千円	6,000千円

資本コスト　5%
　割引率5%の現価係数（$1/(1+r)^n$）

1年後	2年後	3年後
0.9524	0.9070	0.8638

正味現在価値の計算

	現在	1年後	2年後	3年後
		1,000千円	2,000千円	3,000千円

1年目のCIF	952千円	×0.9524
2年目のCIF	1,814千円	×0.9070
3年目のCIF	2,591千円	×0.8638
CIFの現在価値合計	5,358千円
投資額（=COF）	△4,000千円
正味現在価値	1,358千円

正味現在価値が正の値であれば投資額を超えるリターンが見込めるため、その投資案は採用すべき。一方、負の値であれば逆に棄却すべきということになる。

※計算・表記の簡略化のため単位未満を四捨五入しており、四捨五入後の合算と実際の計算にズレが生じます。

正味現在価値法の短所は、収益性指数法によって補うことができます

DCF法に属する正味現在価値法は、貨幣の時間価値を考慮している点で優れた手法であるが、絶対額で評価するため投資額に対するリターンの比率（資本効率）まではわからない。

内部利益率法

 POINT
- CIFの現在価値合計と投資額が等しくなる割引率が内部利益率であり、これと資本コストを比較する
- 貨幣の時間価値を考慮した方法である

資本コストを上回る利益率が見込める投資案を採用する

　内部利益率法（Internal Rate of Return：IRR法） も正味現在価値法と同様に**貨幣の時間価値を考慮したDCF法に属する手法**です。投資によって得られる年々のキャッシュ・インフローの現在価値合計と投資額とが等しくなる割引率（これを内部利益率という）を求め、これが資本コストよりも大きければその投資案は採用、小さければ棄却と判定します。資本コストはその投資で最低限達成すべき利益率を意味するため、これを上回る利益率が見込める投資案を採用するということです。なお、**複数の投資案を比較する場合には、内部利益率が大きいほうが有利**となります。

　内部利益率は、任意の割引率でキャッシュ・インフローの現在価値合計を計算し、これが投資額を上回る場合には、より高い割引率を用いて計算します。逆に、キャッシュ・インフローの現在価値合計が投資額を下回る場合には、より低い割引率を試します。このように試行錯誤し、キャッシュ・インフローの現在価値合計と投資額が等しくなる割引率を特定するのです。

内部利益率法のメリットとデメリット

　内部利益率法の長所は、正味現在価値法と同様、貨幣の時間価値を考慮している点です。一方、比率で評価するため投資規模が考慮されない点や、キャッシュ・フローのプラスマイナスがたびたび変化するような場合、内部利益率が複数個計算される可能性がある点が短所として挙げられます。

MEMO 内部利益率を人の手で計算する場合には上記のような試行錯誤が必要となるが、実務上はExcelのIRR（IRR：内部利益率）関数を用いることで容易に算定することができる。

内部利益率法による設備投資の経済性計算

　内部利益率法も正味現在価値法と同様、DCF法に属する手法である。内部利益率はキャッシュ・インフローの現在価値合計と投資額を等しくする割引率であり、これと資本コストを比較する。

》 内部利益率法の意義

内部利益率	年々のキャッシュ・インフローの現在価値合計と投資額とが等しくなる割引率

内部利益率>資本コスト⇒その投資案は採用すべき
内部利益率<資本コスト⇒その投資案は棄却すべき

内部利益率の求め方	①任意の割引率 (例えば5%) でキャッシュ・インフローの現在価値合計を計算
	②上記①で計算した現在価値合計が投資額を上回る場合、より高い割引率 (例えば6%) で再度、キャッシュ・インフローの現在価値合計を計算
	③上記②で計算した現在価値合計が投資額を下回る場合、より低い割引率 (例えば5.5%) で再度、キャッシュ・インフローの現在価値合計を計算
	④上記のプロセスを繰り返し、キャッシュ・インフローの現在価値合計と投資額が等しくなる割引率を特定

内部利益率は、自ら計算する場合には試行錯誤が必要ですが、Excel等の関数を使えば簡単に求められます

内部利益率が資本コストを上回るということは、最低限の目標利益率を超えるリターンが確保できることを意味するため、その投資案は採用に値するということになる。

四則演算ができれば十分

複雑な計算は、エクセルを活用することで簡略化できる！

拡張投資の意思決定

POINT

- 設備投資は拡張投資と取替投資に大別される
- 新設備の導入により生産能力の拡大や新製品の生産販売を行うのが拡張投資

設備投資には拡張投資と取替投資がある

　これまでは設備投資意思決定の基礎概念や経済性計算の手法について確認してきました。ここからは数値例を使って設備投資意思決定を実際に行います。管理会計において、**設備投資は一般的に拡張投資と取替投資に大別**されます。拡張投資とは、新たな設備を導入して既存製品の生産能力を拡大したり、新製品の製造販売を開始したりするような投資のことです。一方、取替投資は、既存設備を新設備に更新することでコスト削減を図るような投資で、合理化投資と呼ぶこともあります。ここでは、まず拡張投資の経済性計算について確認します。

正味現在価値法を用いて意思決定を行う

　P201に示した投資案を実行すべきか否か、正味現在価値法を用いて意思決定を行います。まず、各年度のキャッシュ・インフローの金額を算定し、これを資本コストで割り引いた現在価値を合計し、そこから投資額を差し引いて正味現在価値を求めます。新製品の生産販売により生じる年々のキャッシュ・インフローを算定するにあたっては、**減価償却による節税効果を考慮する**必要があります。また、生産販売による年々のキャッシュ・インフローのみならず、投資終了時に設備を売却する際に生じるキャッシュ・インフローも計算に含めます。このように算定した**将来のキャッシュ・インフローを資本コストで現在価値に割り引いて、その合計から投資額を差し引いたもの**が正味現在価値です。ここでは正味現在価値がプラスになるため、新設備を導入すべきという結論になります。

MEMO　ここでは、経済性計算の方法として正味現在価値法を採用したが、内部利益率法で評価したとしても、新設備を導入すべきという結論は同じになる。

拡張投資の経済性計算

設例 当社は新設備を導入して新製品Xの生産販売を開始する案を検討中である。この投資案を採用すべきか否か、正味現在価値法で評価する。

● 新設備に関するデータ

取得価額 ……………………………… 6,000千円
耐用年数(経済命数) ……………… 3年
減価償却方法 ………………………… 定額法(残存価額はゼロ)
経済命数終了時の売却価額 ……… 200千円

● 製品Xの生産販売に係る損益計算書(単位:千円)

	X年度	X+1年度	X+2年度
売上高	25,000	20,000	18,000
費用	20,000	16,000	14,500
減価償却費	2,000	2,000	2,000
税引前利益	3,000	2,000	1,500
法人税等	900	600	450
税引後利益	2,100	1,400	1,050

※1 売上高、費用はいずれも現金収入・支出を伴うものとする ※2 法人税等の実効税率30%

● その他

資本コスト(割引率) ………… 5%　割引率5%の場合の現価係数

X年度	X+1年度	X+2年度
0.9524	0.9070	0.8638

各年度の正味CIFの計算(単位:千円)

	X年度	X+1年度	X+2年度	
製品Xの生産販売	4,100	3,400	3,050	税引前利益×(1−実効税率30%)+減価償却費
設備売却収入			200	経済命数終了時の設備の売却価額
設備売却益に係る法人税等			△60	(売却額200−売却時の簿価0)×実効税率30%
	4,100	3,400	3,190	

正味現在価値の計算(単位:千円)

	現在	X年度	X+1年度	X+2年度
		4,100	3,400	3,190

X年度のCIF	3,905	←×0.9524
X+1年度のCIF	3,084	←×0.9070
X+2年度のCIF	2,756	←×0.8638
CIFの現在価値合計	9,744	
投資額(=COF)	△6,000	
正味現在価値	3,744	

結論 正味現在価値が正の値であるため、この投資案は採用すべき

取替投資の意思決定
既存設備を使い続ける

POINT
- 既存設備を新設備に取り替えるのが取替投資
- 取替投資では、既存設備を使い続ける案と新設備に取り替える案を比較する

既存設備か新設備かを比較検討する

　取替投資は、既存設備を新設備に取り替えるべきか否かの意思決定です。したがって、**既存設備をそのまま使用し続ける案と新設備を購入する案の2つを比較**します。仮に正味現在価値法によって評価する場合、これら2つの案それぞれについて正味現在価値を算定し、いずれが有利かを比較する必要があります。

既存設備を使い続ける案の正味現在価値

　P203に示した条件に基づいて、既存設備を新設備に取り替えるべきか検討します。この数値例は、コスト削減を目的とした取替投資であり、具体的には年々の現金支出費用が既存設備と新設備で異なってきます。一方で、設備の取り替えによる売上高への影響はないため、この意思決定において売上高を考慮する必要はありません。以上をもとに、まずは既存設備をそのまま使用し続ける案の正味現在価値を算定します。

　基本的な手順や考え方は拡張投資と同様で、まずは将来のキャッシュ・フローを算定し、これを現在価値に割り引きますが、上述のとおり**売上高を考慮しない点と期間終了後の設備売却収入を計算に含める**点に留意が必要です。また、仮に新設備に取り替える場合には現時点で既存設備は売却することになりますが、既存設備を使用し続ける選択をした場合は現時点で既存設備の売却収入を得る機会は失うことになります。つまり、現時点での**既存設備の売却収入は既存設備を使い続ける案にとっての機会原価となる**点にも留意する必要があります。

MEMO 既存設備を使用し続けた場合には、現時点ではなく耐用年数の終了後（X＋2年度末）に設備を売却することになるため、これによるキャッシュ・インフローを計算に含める。

既存設備を使用し続ける案の正味現在価値を計算する

設例 当社はコスト削減のため既存設備を新設備に取り替えるか否かを検討中である。検討にあたっては、正味現在価値法を採用する。なお、設備の取り替えによって売上高への影響はないものとする。

● 既存設備に関するデータ

取得価額	5,000千円
耐用年数(経済命数)	5年(現時点における残存耐用年数は3年)
減価償却方法	定額法(残存価額はゼロ)
現時点の売却価額	3,000千円
経済命数終了時の売却価額	200千円
年々の現金支出費用	15,000千円

● 新設備に関するデータ

取得価額	12,000千円
耐用年数(経済命数)	3年
減価償却方法	定額法(残存価額はゼロ)
経済命数終了時の売却価額	300千円
年々の現金支出費用	12,000千円

既存設備を使用し続けるということは、現時点で既存設備を売却する機会を失うことになるため、仮に現時点で売却した場合の収入が機会原価となります

● その他

実効税率	30%
資本コスト(割引率)	5%

割引率5%の場合の現価係数

X年度	X+1年度	X+2年度
0.9524	0.9070	0.8638

各年度の正味CFの計算 (単位:千円)

	X年度	X+1年度	X+2年度
年々の正味CF	△10,200	△10,200	△10,200
設備売却収入			200
設備売却益に係る法人税等			△60
	△10,200	△10,200	△10,060

- (売上高0−現金支出費用15,000)×(1−実効税率30%)+減価償却費1,000(※)×実効税率30%
- 経済命数終了時の設備の売却価額
- (売却価額200−売却時の簿価0)×実効税率30%

(※)減価償却費:1,000千円(取得価額5,000千円÷耐用年数5年)

既存設備を使用し続けることによる機会原価

現時点の設備売却収入:3,000千円

なお、現時点の帳簿価額は3,000千円(=5,000千円×3年/5年)であるため、売却損益は発生しない。

正味現在価値の計算 (単位:千円)

	現在	X年度	X+1年度	X+2年度
		△10,200	△10,200	△10,060

X年度のCF	△9,714	×0.9524
X+1年度のCF	△9,251	×0.9070
X+2年度のCF	△8,690	×0.8638
CFの現在価値合計	△27,656	
既存設備の売却収入(機会原価)	△3,000	
正味現在価値	△30,656	

取替投資の意思決定
新設備に取り替える

- 現時点の既存設備の売却収入を既存設備案の機会原価とする場合、新設備案の計算には含めない
- 取替投資の経済性計算には総額法と差額法がある

機会原価の扱いに注意

　前項では、既存設備を使用し続ける案の正味現在価値を計算しましたが、ここでは代替案である**新設備に取り替える案の正味現在価値を算定**します。算定の手順や考え方は、既存設備を使用し続ける案と基本的に同様で、まずは年々のキャッシュ・フローと期間終了後の新設備の売却によるキャッシュ・インフローを算定して現在価値に割り引きます。新設備に取り替える案では、**新設備への投資額が現時点でのキャッシュ・アウトフロー**になりますので、これを将来キャッシュ・フローの現在価値合計から差し引いて正味現在価値を算定します。ここで、新設備に取り替える案を採用した場合には、現時点で既存設備を売却することになりますが、これに係る収入は既存設備を使用し続ける案の機会原価として集計済みであるため、**新設備に取り替える案のキャッシュ・インフローとしては集計しない**点に留意が必要です。

　結果として算定された正味現在価値は、既存設備を使用し続ける案のほうが大きいため、新設備に取り替えるべきではないという結論になります。

総額法と差額法

　このように、既存設備を使用し続けた場合のキャッシュ・フローと新設備に取り替えた場合のキャッシュ・フローを**それぞれ計算して比較する方法を総額法**といいます。一方、両者の差額のみを計算する方法もあり、これを差額法といいますが、いずれの方法で計算しても結論は同じになります。

MEMO▶ 現時点の既存設備の売却収入を新設備案のキャッシュ・インフローとして集計してもよいが、この場合、既存設備案の機会原価としては集計しない。

新設備に取り替える案の正味現在価値を計算する

設例 当社はコスト削減のため既存設備を新設備に取り替えるか否かを検討中である。検討にあたっては、正味現在価値法を採用する。なお、設備の取り替えによって売上高への影響はないものとする。

● 既存設備に関するデータ

取得価額	5,000千円
耐用年数(経済命数)	5年(現時点における残存耐用年数は3年)
減価償却方法	定額法(残存価額はゼロ)
現時点の売却価額	3,000千円
経済命数終了時の売却価額	200千円
年々の現金支出費用	15,000千円

● 新設備に関するデータ

取得価額	12,000千円
耐用年数(経済命数)	3年
減価償却方法	定額法(残存価額はゼロ)
経済命数終了時の売却価額	300千円
年々の現金支出費用	12,000千円

新設備に取り替える場合、現時点で既存設備を売却することになりますが、これによる収入は既存設備案の機会原価として考慮済みのため、ここでの計算には含めません

● その他

実効税率	30%
資本コスト(割引率)	5%

割引率5%の場合の現価係数

X年度	X+1年度	X+2年度
0.9524	0.9070	0.8638

各年度の正味CFの計算(単位：千円)

	X年度	X+1年度	X+2年度
年々の正味CF	△7,200	△7,200	△7,200
設備売却収入			300
設備売却益に係る法人税等			△90
	△7,200	△7,200	△6,990

→ (売上高0−現金支出費用12,000)×(1−実効税率30%)+減価償却費4,000(※)×実効税率30%

→ 経済命数終了時の設備の売却価額

→ (売却価額300−売却時の簿価0)×実効税率30%

(※)減価償却費：4,000千円(取得価額12,000千円÷耐用年数3年)

正味現在価値の計算(単位：千円)

	現在	X年度	X+1年度	X+2年度
		△7,200	△7,200	△6,990

X年度のCF	△6,857	×0.9524
X+1年度のCF	△6,530	×0.9070
X+2年度のCF	△6,038	×0.8638
CFの現在価値合計	△19,426	
新設備への投資額	△12,000	
正味現在価値	△31,426	

結論 既存設備案の正味現在価値(△30,656千円)＞新設備案の正味現在価値(△31,426千円)のため、既存設備を使用し続けた方が有利

企業価値評価

　企業価値とは、企業が生み出す将来キャッシュ・フローの割引現在価値の合計のことで、厳密には株価とは異なります。株価を求めるには、企業価値から有利子負債を引いて計算を行う必要があります。なぜなら、企業は借入などの有利子負債と株式発行によって事業資金を賄い、事業を行うからです。

　企業価値を増加させるためには、企業が将来獲得するキャッシュ・フローを増加させる必要があります。キャッシュ・フローを獲得する手段には、複数の事業を行うことなどがあります。

　一方で、株価を増加させるには、現状のビジネスにおいて、将来キャッシュ・フローを増加させる事実を獲得するか、将来キャッシュ・フローが増加することが確実となる意思決定を行う必要があります。

　また、企業価値は資本コストを下げることによっても増加させることができます。割引現在価値の計算において、分母である金利が下がれば、計算結果は増加するからです。資本コストは有利子負債と自己資本の資本コストから構成されます。事業リスクを直接に負担する自己資本コストは金利を高く要求するため、有利子負債よりも金利が高くなります。そのため、自己資本の資本コストを下げることで、企業価値を高めることができるとされています。

戦略策定のための管理会計

　この章で詳しく取り扱うバランスト・スコアカード(BSC)とは、管理会計と経営の戦略を結ぶツールです。管理会計によってつまびらかになった数値から財務目標が掲げられ、それを達成するための指針が詳細に示されていきます。財務中心の伝統的な会計から大きく飛躍した点でもあります。

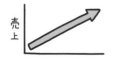

BSCの意義

POINT
- BSCは戦略マネジメントのツール
- 戦略の策定・実行、業績評価、経営改善が主な役割
- BSCでは4つの視点から戦略を設定し業績を評価する

継続的な経営改善に役立つ戦略的マネジメント・システム

バランスト・スコアカード (Balanced Scorecard：BSC) は、財務的な視点だけでなく総合的な視点から、ビジョンと戦略の策定及び実行のプロセスを管理します。さらに、**バランスのとれた客観的な業績評価**が可能で、また、その結果として、**継続的な経営改善にも役立つ戦略的マネジメント・システム**です。BSCでは、企業が掲げるビジョンや戦略を具体的な業績評価指標にまで落とし込むため、効果的な戦略の策定と、その戦略の確実な実行が担保されるとともに、客観的で公正な業績評価が可能となります。また、BSCに基づく戦略の策定と実行及び業績評価を通じて、**経営そのものの継続的な改善**にも役立つことになります。

戦略目標を業績評価指標に落とし込む

伝統的な管理会計システムでは、財務的な尺度が中心に据えられていましたが、BSCでは、ビジョンとこれを実現するための戦略を中心に置いたうえで、財務の視点、顧客の視点、内部プロセスの視点、学習と成長の視点という異なる4つの視点から、戦略のマネジメントと業績評価を行います。すなわち、従来の管理会計では、財務数値に偏った目標設定や業績評価が行われていたのに対して、BSCでは財務の視点だけでなく**4つの視点から戦略目標を設定し、それらの目標を達成するための具体的な業績評価指標に落とし込んで評価する**のが大きな特徴です。4つの視点それぞれの内容や相互の関係性については次項から確認していきます。

MEMO BSCは、ハーバード大学のキャプラン教授とコンサルタントのノートン氏によって開発された戦略マネジメントのツール。1992年の発表当初は主に業績評価のツールとして提案されていた。

BSCの役割と特徴

BSCは、4つの視点から戦略の策定及び実行のプロセスを管理する。さらに、客観的な業績評価が可能になり、経営改善にも役立てることができる戦略的マネジメント・システムである。

≫ BSCの意義と役割

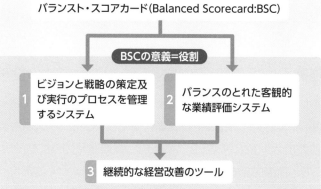

バランスト・スコアカード(Balanced Scorecard:BSC)

BSCの意義＝役割

1 ビジョンと戦略の策定及び実行のプロセスを管理するシステム

2 バランスのとれた客観的な業績評価システム

3 継続的な経営改善のツール

BSCは戦略の策定・実行を管理する戦略マネジメント・システムであり、業績評価のシステムでもある。また、これらを通じて経営改善にも役立てることができる。

≫ BSCにおける4つの視点

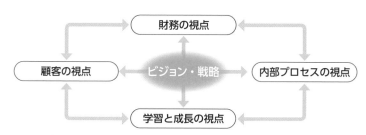

財務の視点

顧客の視点　ビジョン・戦略　内部プロセスの視点

学習と成長の視点

BSCでは、ビジョンと戦略を中心として、財務・顧客・内部プロセス・学習と成長の4つの視点から、戦略の策定と実行を管理し、業績を評価する。

伝統的な管理会計では、財務の視点が中心でしたが、BSCでは非財務的な視点も含め、バランスよく戦略の管理、業績評価を行います

BSCにおける4つの視点
ステークホルダーとの関係

- BSCにおける4つの視点とは、財務の視点・顧客の視点・内部プロセスの視点・学習と成長の視点
- 4つの視点はステークホルダーの立場を表している

財務的な成果を投資家に還元するのが企業の役割

企業は投資家から提供された資金をもとに事業活動を行っており、その結果として得られた**財務的な成果を投資家に還元**しなければなりません。したがって、①財務の視点は企業の戦略上、必要不可欠な要素となります。

ここで、財務的な成功を収めるための基盤となるのは収益であり、収益を上げるためには、自社の製品やサービスが顧客に受け入れられ、その対価を支払ってもらう必要があります。よって、**財務的な成果を手にするために必要な②顧客の視点をもつこと**、すなわち、いかに顧客と良好な関係を築き、高い付加価値を提供できるかといった視点が重要になります。

さらには、顧客が満足する価値の高い製品やサービスを生み出すためには、他社と比較して**優れた業務プロセスを構築**する必要があります。これが③内部プロセスの視点です。

そして、これらの業務プロセスが期待どおりの成果をあげるためには、実際に業務プロセスを稼働させている**従業員のスキルや意欲、またそれらを支える情報システムと組織設計が重要な要素**となります。このような、組織としての基本的な能力をいかに高めるかが④学習と成長の視点です。

これら4つの視点は、企業を取り巻くステークホルダーとの関係でも整理することができます。まず、株主などの資金提供者に対してどのような成果を還元しなければならないかを考えるのが財務の視点です。同様にほかの3つの視点はそれぞれ**顧客、経営者、従業員と対応関係にある**といえます。

用語解説 ステークホルダー　株主、金融機関、国・地方自治体、取引先、顧客、従業員、経営者など企業を取り巻くあらゆる利害関係者のこと。

BSCにおける4つの視点とは

　営利企業である以上は、財務の視点が出発点となる。財務的な目標を達成するためには何が必要か、顧客の視点、内部プロセスの視点、学習と成長の視点にブレイクダウンする（落とし込む）ことで必然的に導き出される。

≫ 4つの視点とそれぞれの内容

BSCにおける視点	内　　容	ステークホルダー
1 財務の視点 	企業にとって不可欠な目標である財務的な成功をどのように捉えるか 例　売上高、営業利益、総資産、キャッシュ・フロー、売上高成長率、売上高利益率、投資利益率（ROI）、株価など	株主

 財務の視点を達成するには…

2 顧客の視点	財務的な成功を収めるために、顧客に対してどのように行動すべきか 例　顧客満足度、顧客のロイヤリティ、マーケット・シェア、顧客獲得率、リピート率、価格など	顧客

 顧客の視点を達成するには…

3 内部プロセスの視点	顧客を満足させるためにどのような業務プロセスを構築すべきか 例　納期、サイクルタイム、仕損じ発生率、在庫回転率、研究開発費、特許権取得件数、導入した新製品数など	経営者

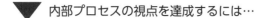 内部プロセスの視点を達成するには…

4 学習と成長の視点	業務プロセスを遂行するために必要な従業員のスキルは何か、情報システムや組織はどうあるべきか 例　研修時間、ITリテラシーのレベル、従業員からの提案件数、従業員の多様性、離職率など	従業員

 4つの視点は、企業を取り巻く利害関係者にどのように向き合うかという観点でも整理できます。BSCでは、株主だけでなくさまざまな利害関係者の立場が考慮されています

BSCにおける4つの視点
財務の視点が出発点

- 4つの視点は並列的な関係ではなく、財務の視点を出発点とした因果関係をもっている
- 成果とパフォーマンス・ドライバーの関係でもある

企業戦略は財務の視点を出発点とする

　3年後に業界のシェアでトップになるというビジョンを掲げたある企業が、このビジョンを実現するための戦略を策定中であるとします。まず、シェアを拡大するためには売上高の増加が必要であり、これが**財務の視点における目標**になります。売上高を増加させるためのアプローチはいろいろ考えられますが、**顧客の視点から調査**した結果、この企業の場合は、新規顧客の獲得よりも既存顧客のリピート率の向上が重要なテーマであり、そのためには、顧客の満足度を高める必要があると判断しました。顧客の満足度を高めるための施策として、製品の高機能化や価格の引き下げなどが検討されたものの、この企業ではカスタマーサポートに改善の余地があることが判明しました。これが**内部プロセスの視点**です。

　そして、この企業はカスタマーサポートに関連する業務プロセスを改善するために、従業員のスキルアップのための研修の充実と、販売・生産部門との連携を強化するための情報システムの構築を図ることにしました。これが**学習と成長の視点**からの目標になります。

4つの視点それぞれが目的と手段の関係にある

　このように、**4つの視点は、並列的な関係にあるわけではなく、財務の視点を出発点とした因果関係**を有しています。また、売上高の増加を達成するために、リピート率の向上が必要であるというように、各視点は**それぞれが目的（成果）と手段（パフォーマンス・ドライバー）の関係にある**ともいえます。

用語解説 成果とパフォーマンス・ドライバー　企業が達成すべき成果とこれに影響を与える要因のこと。成果は遅れて現れるため遅行指標、パフォーマンス・ドライバーは先行して現れるため先行指標でもある。

4つの視点の関係性

BSCにおける4つの視点について、具体例を用いて、それぞれの内容と関係性を確認する。ここでは、業界でのトップシェアを目指す企業が、このビジョンを実現するための戦略を策定するケースを想定している。

≫ 4つの視点の関係性とその具体例

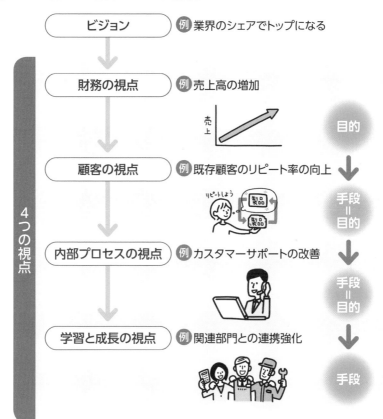

矢印を逆にたどっていく、つまり、学習と成長の視点から順に達成していくことで、大きな目標であるビジョンが実現します

4つの視点は並列的な関係にあるわけではない。財務の視点からスタートして、それぞれが目的(成果)と手段(パフォーマンス・ドライバー)という関係でつながっている。

BSCにおける4つの視点
「バランスのとれた成績表」

POINT

- BSCでは財務的指標と非財務的指標など、さまざまな面でバランスがとられている
- BSCではまずビジョンと戦略を明確にすることが重要

4つの要素のバランスがとれた成績表

BSCがバランスト・スコアカード（バランスのとれた成績表）と呼ばれる理由はいくつかあります。

まず、伝統的な管理会計システムにおいて重視されてきた過去・現在の財務指標だけでなく、将来の業績を高めるための顧客、内部プロセス、学習と成長といった**非財務的な指標も重視されていること**が挙げられます。これは、株主とその他のステークホルダーとのバランスがとれていることも意味します。また、財務の視点と顧客の視点という**企業外部の株主や顧客からの評価尺度**と、内部プロセス、学習と成長の視点という**内部的な尺度をあわせもっている**ことも特徴です。さらに、BSCでは活動の結果としての成果だけでなく、**成果を導くためのパフォーマンス・ドライバーも活用している**点で、結果に至るまでのプロセスも重視されているといえます。また、財務指標のように定量的で客観的な成果の測定だけでなく、たとえば、学習と成長といった**主観的で無形の成果についても業績評価の指標に落とし込む**点でもバランスがとれています。

ビジョンと戦略を明らかにして方向性を策定する

BSCの中心にあるのはビジョンと戦略です。**ビジョンは企業が目指すべき姿**であり、**戦略はビジョンを実現するための施策や方向性を示すもの**です。したがって、BSCではまずこのビジョンと戦略を明確にして、**企業が向かうべき方向性の大枠を決める**ことが重要になります。

MEMO ビジョンは企業が目指すべき姿であり、経営環境に応じて変化するものであるのに対して、ミッションは企業が果たすべき使命や存在意義であり、基本的には不変である。

「バランス」の意味とビジョン・戦略の意義

4つの視点のそれぞれの立ち位置や関係性を踏まえて、BSCがなぜ「バランスのとれた成績表」と呼ばれるのかを見ていく。また、そもそもビジョンや戦略がなぜ必要とされるのかについて改めて整理する。

》「バランスのとれた成績表」と呼ばれる理由

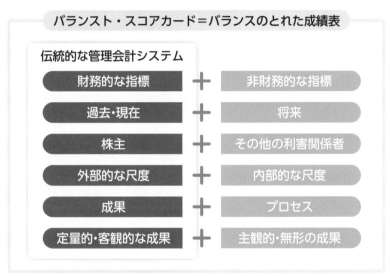

バランスト・スコアカード＝バランスのとれた成績表

伝統的な管理会計システム		
財務的な指標	＋	非財務的な指標
過去・現在	＋	将来
株主	＋	その他の利害関係者
外部的な尺度	＋	内部的な尺度
成果	＋	プロセス
定量的・客観的な成果	＋	主観的・無形の成果

伝統的な管理会計では財務指標に偏った管理が行われてきたが、BSCでは非財務的な指標も重視される。その他、さまざまな観点からバランスがとれているといえる。

》ビジョンと戦略のもつ意義

ビジョン
企業が目指すべき姿

戦略
ビジョンを実現するための施策や方向性

戦略はビジョンを実現するための具体策です。したがって、効果的な戦略を策定するためには、ビジョンを定めて企業が向かうべき方向性を明確にする必要があります

BSCによる戦略の策定と実行①

POINT

- ビジョンと戦略は、いくつかのブレイクダウンを経て、効果的な戦略を策定することができるようになる
- アクション・プランの実行がビジョンを実現する

BSCによる戦略の策定と実行のプロセス

BSCは、**戦略の策定と実行のための戦略的マネジメント・システム**として機能します。この機能を果たすため、具体的には以下のような流れでビジョンや戦略を個々の業績評価指標や行動計画に落とし込んでいきます。

まず、企業全体としてのビジョンと戦略を明確にしたうえで、この戦略を実行するためのより具体的なテーマと目標（戦略テーマ、戦略目標）を決定します。次に、戦略目標を成功させるために達成、または実行されなければならない主要成功要因（Critical Success Factor：CSF）は何かを分析して選び出します。さらに、このCSFを達成するために、各部署や個人レベルで達成されるべき要因（パフォーマンス・ドライバー）にブレイクダウンし、それらが達成されたかどうかを評価するための指標として重要業績指標（Key Performance Indicator：KPI）を決定します。各指標について具体的にターゲットとなる数値目標を設定したら、この目標を達成するために個々の部署や従業員が実践すべき行動計画（アクション・プラン）を策定し、これを実行していきます。

こうして、**全社的なビジョンと戦略が個々のアクション・プランに結びつき、全体として整合性のとれた具体的な戦略が策定**されることになります。また、見方を変えれば、個々のアクション・プランが実行され、個別的な目標の達成が積み重なることによって、最終的には**企業が掲げたビジョンの実現につながる**のです。

なお、上記のプロセスにおいて、戦略テーマは、4つの視点との関連で各視点の因果関係を意識しながら決定していくことになる点には留意が必要です。

MEMO 上記は戦略の策定と実行に関する基本的なモデルを示したもので、必ずしもこれとまったく同じプロセスで実施する必要はない。

BSCによる戦略の策定と実行のプロセス

BSCは戦略の策定と実行を管理するための戦略マネジメント・システムである。ここでは、どのように戦略が策定され、実行されるのか、基本的な流れを確認する。

≫ BSCの基本モデル

```
┌─────────────────────┐
│   ビジョン・戦略       │
└─────────────────────┘
     ↓ 企業全体としてのビジョン・戦略の明確化

┌─────────────────────┐
│  戦略テーマ・戦略目標   │        ┌──────────────┐
└─────────────────────┘        │ 4つの視点の因果関係 │
     ↓ 具体的なテーマと目標の設定   │ を意識して決定     │
                                └──────────────┘
┌─────────────────────┐
│  主要成功要因(CSF)    │
└─────────────────────┘
     ↓ 達成・実行しなければならない要因の分析・抽出

┌─────────────────────┐
│ パフォーマンス・ドライバー│
└─────────────────────┘
     ↓ 個々のレベルで達成されるべき要因の決定

┌─────────────────────┐
│  重要業績指標(KPI)    │
└─────────────────────┘
     ↓ 達成度を評価するための指標の決定と目標値の設定

┌─────────────────────┐
│ 行動計画(アクション・プラン) │
└─────────────────────┘
       個々が実践すべき行動計画の策定・実行
```

ビジョンから行動への落とし込み

行動の積み上げによるビジョン実現

ビジョンをより具体的な成功要因にブレイクダウンしていくことで、全体のビジョンが個々の行動にまで落とし込まれる。この行動の積み上げによりビジョンが実現されていく。

┃ PLUS 1

　KPIはビジネスの現場でよく耳にする言葉であり、多くの企業がこれを設定しています。「業績評価指標」や「重要業績指標」といった意味があり、本書では文脈によって使い分けています。KPIがうまく機能するためには、考慮すべき要素がいくつかあります。もっとも重要な要素の1つが組織やプロジェクトの目的との関連性です。より端的にいうと利益の増加につながる指標であることが重要です。この点、本項で説明したプロセスで戦略をブレイクダウンすることで、組織目標と無関連なKPIが設定されることは回避できるでしょう。その他、明瞭で理解しやすいこと、定量的に測定できること、時間的な期限が設けられていることなども、KPIがうまく機能するための要素となります。

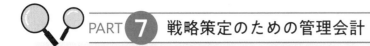

BSCによる戦略の策定と実行②

POINT

- 全社的なビジョンを4つの視点を通して戦略テーマに落とし込む
- テーマごとの戦略目標を設定し行動までつなげる

戦略テーマをさらにブレイクダウンする

　この項では、**ビジョンと戦略をCSFやKPI、数値目標、さらにはアクション・プランに落とし込んでいくブレイクダウンのフロー**について具体例で確認します。

　例えば「5年後に業界のシェアでトップになる」といった**全社的なビジョンを、4つの視点との関連でより具体的なテーマに絞り込んだものが戦略テーマ**です。ここでは財務の視点による売上高の増大、顧客の視点による魅力的な新製品の投入、内部プロセスの視点による開発プロセスの改善、学習と成長の視点による優秀な人材の確保の4つとします。

　売上高の増大というテーマであれば、売上高の前年比増加率や売上高全体に占める新製品の割合などが具体的な目標、すなわち戦略目標になると考えられます。また、魅力的な新製品の投入という戦略テーマについては、顧客のリピート率や新規顧客の獲得数が目標になり得ます。同様にその他の戦略テーマについても、**より具体的な戦略目標にブレイクダウン**していきます。

　戦略目標が決定すると、次はこの目標を達成するために必要な成功要因、すなわちCSFを検討します。例えば、新規顧客の獲得という戦略目標を達成するには、自社製品の認知度を高め潜在顧客にアピールする必要がありますので、これがCSFとなります。さらに、認知度の向上を図るためにSNSを活用するのであれば、SNSでの発信の頻度やフォロワーの数をKPIとすることが考えられます。KPIごとに数値目標が設定できたら、あとは誰がいつまでに何を実施するのかをアクション・プランとしてまとめて実行していくことになります。

用語解説 SNS　ソーシャル・ネットワーキング・サービス。Facebook、X（旧Twitter）、Instagramなどが代表的。製品・サービスの宣伝や知名度向上、顧客とのコミュニケーション等に企業も活用している。

BSCによる戦略の策定と実行のプロセスの具体例

ここでは、BSCの基本モデルに基づく戦略の策定・実行のプロセスについて、具体例を用いて確認するとともに、アクション・プラン策定における留意点を確認する。

≫ BSCの基本モデルの適用例

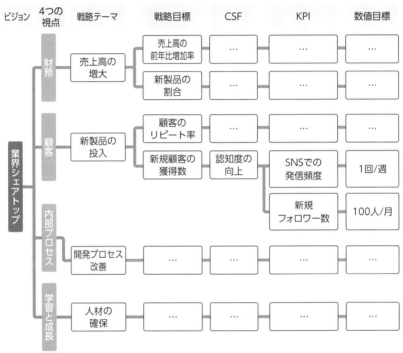

ビジョン	4つの視点	戦略テーマ	戦略目標	CSF	KPI	数値目標
業界シェアトップ	財務	売上高の増大	売上高の前年比増加率	...	...	...
			新製品の割合	...	...	...
	顧客	新製品の投入	顧客のリピート率	...	...	...
			新規顧客の獲得数	認知度の向上	SNSでの発信頻度	1回/週
					新規フォロワー数	100人/月
	内部プロセス	開発プロセス改善	...	...	...	...
	学習と成長	人材の確保	...	...	...	...

ビジョンだけでは何をすればよいかわからない。そこで、具体的なテーマに絞り込み、各テーマについて目標を設定して、これを達成するための要因に落とし込んでいく。

≫ アクション・プランの策定

アクション・プラン	数値目標を達成するための具体的な行動計画

- 何を実施するか（実施項目）
- 誰が実施するか（担当者）　　を具体的に計画する
- いつまでに実施するか（期限）

ビジョン・戦略が具体的なKPIまで落とし込めたら、ターゲットとなる数値を達成するための行動計画を策定する。その際、実施項目、担当者、期限なども明確にしておく。

BSC構築の全体像

POINT

- BSCで企業のビジョンを明確にすることが必要
- 戦略マップで戦略の全体像を明確化する
- スコアカードは戦略目標の目的・手段の関係を示す

BSC全体の流れをチェック

ここまでBSCの基本的な概念を確認してきました。このページではBSCの全体的な流れを改めて整理します。

BSCは、企業のあるべき姿としての**ビジョンを明確にし、これを実現するための全社的な戦略を策定する**ことからスタートします。次に、戦略を4つの視点との関連で具体的なテーマに絞り込んで戦略目標を設定しますが、この作業をサポートするのが戦略マップというツールです。戦略マップについては、次項で詳しく確認しますが、戦略目標間の因果関係を明示して戦略の全体像を明確化するものです。戦略マップを作成して戦略目標が決定したら、それぞれの戦略目標を達成するために必要な要因（CSF）の分析、評価の指標（KPI）と数値目標の決定へと展開していきますが、これらの作業はバランスト・スコアカード（以下、スコアカード）の作成によって行われます。スコアカードは、簡単にいうと、**戦略マップの作成によって明確になった各戦略目標について、それらを達成するための目的・手段の関係を示したもの**です。最後に、数値目標を達成するための実施項目を、個人レベルまで具体的に落とし込んでアクション・プランを作成し、これを実行していくことになります。

BSCは戦略マップとスコアカードを含む概念

戦略マップとスコアカードの作成はBSCにおいてもっとも重要な作業工程であり、**バランスト・スコアカード（BSC）は戦略マップとスコアカードを含む概念**です。

MEMO ▶ バランスト・スコアカード（BSC）は、当初はスコアカードのみが提示されていたため、狭義ではスコアカードのみを指すが、近年では戦略マップとスコアカードをあわせた概念として定着している。

BSCの全体像と戦略マップ・スコアカードの活用

　BSCによる戦略の策定・実行のプロセスにおいて、戦略目標の設定とこれを達成するための業績評価尺度・数値目標・実施項目の決定は特に重要なステップである。これらは戦略マップとスコアカードの作成により実施される。

≫ BSC構築の全体的な流れ

ビジョン
全社戦略

↓

4つの視点に関連づけて戦略目標を配置

| 戦略テーマの絞り込み | 戦略目標の設定 |

→ 戦略マップの
作成により実施

↓

業績評価尺度(CSF、KPI)
数値目標
実施項目の決定

→ スコアカードの
作成により実施

↓

戦略の実行

BSC構築の流れのなかで、戦略目標の決定においては戦略マップが、業績評価尺度・数値目標・実施項目の決定においてはスコアカードが、それぞれ重要な役割を果たします。

≫ 戦略マップとスコアカードの位置づけ

（広義の）バランスト・スコアカード

戦略マップ

スコアカード
(狭義の)バランスト・スコアカード

いわゆるバランスト・スコアカードは広義の概念であり、戦略マップと狭義のバランスト・スコアカードを含む概念である。戦略マップとスコアカードはBSCの中心的なツールである。

戦略マップの作成

- 戦略マップは戦略目標間の因果関係を明らかにする
- 戦略目標間の矢印は目的と手段の関係を表している
- 戦略の方向性を指し示す役割がある

戦略目標間の因果関係を視覚化する

　BSCにおいては、4つの視点に含まれる戦略目標間の因果関係を確認するために戦略マップという手法を利用します。戦略マップは、**4つの視点に戦略目標を配置して、それぞれの戦略目標の間を矢印で結び、戦略目標間の因果関係を視覚化した図表**です。たとえば、財務の視点で「収益の増大」を達成するためには、顧客の視点で「新規顧客の獲得」が必要であるとすると、これらを矢印で結びます。さらに、「新規顧客の獲得」のためには、内部プロセスの視点で「マーケティング部門の強化」が必要で、そのためには学習と成長の視点で「従業員のスキル向上」が必要になるため、これらを矢印で結びます。このように、**戦略マップにおける矢印は目的と手段の関係**を表しています。したがって、これを逆にたどれば、「従業員のスキル向上」を実行することで「マーケティング部門の強化」が達成され、さらには「新規顧客の獲得」が可能になるため、財務的な目標である「収益の増大」が実現するということになります。

戦略マップは企業の方向性と道筋を示す

　戦略マップを作成することで、**ビジョンや戦略を達成するための道筋が示される**とともに、**戦略の全体像が明確になる**ため、企業が目指している方向性と、そのために何が必要であるかを、従業員などのステークホルダーに理解させることができます。また、戦略マップを活用することで、**経営戦略そのものに関する議論が促進される**というコミュニケーションの観点での利点もあります。

MEMO 戦略マップでは、戦略目標を矢印でつないで因果関係を明確にするため、企業が目指すビジョンや戦略に関わりのない目標が設定されることを防止することもできる。

戦略目標間の因果関係をビジュアル化する

戦略マップでは、4つの視点に戦略目標を配置して、それらを矢印で結ぶことで戦略目標間の因果関係がビジュアル化される。これによりビジョン実現への道筋が示され、戦略の全体像が明確になる。

》戦略マップの例

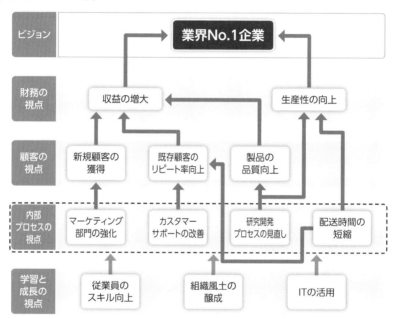

戦略マップの矢印は目的と手段の関係を表す。仮に、ある戦略目標がどこにもつながらない場合、その戦略目標はビジョンの実現にはかかわりがないということになる。

上記では、「学習と成長の視点」における戦略目標が、「内部プロセスの視点」におけるすべての戦略目標にかかわってくるケースを想定しています

》戦略マップを作成する意義

- ●ビジョン・戦略の達成への道筋が示される
- ●戦略の全体像が明確になる

- ●企業が目指す方向性、そのために必要なアクションを従業員に理解させることができる
- ●経営戦略に関する議論が促進される

スコアカードの作成

POINT

- 戦略目標を達成するための目的・手段関係の一覧
- 策定した戦略の実行につながりやすい
- 業績評価が可能になる

戦略目標を達成するための作業をカードに一覧化

　戦略マップの作成により**戦略の全体像が決定したら、これを実行するための手段や具体的な目標を設定する**必要があります。まず、戦略目標を達成するための主要成功要因（CSF）を分析し、**抽出されたCSFが達成されたかどうかを評価するための重要業績指標（KPI）を決定**します。その際、KPIごとに目標とする数値を設定して、これらの一連の作業をカードに一覧化したスコアカードを作成します。

　つまり、スコアカードには、戦略目標からスタートして、これを達成する手段としてのCSF、さらにCSFを実現するための手段としてのKPIというように、**戦略を達成するための目的と手段の関係**が示されます。例えば、「新規顧客の獲得」という戦略目標を達成するための要因として「認知度の向上」というCSFが抽出され、さらに「認知度の向上」が実現したかどうかを評価する指標として「SNSでの発信頻度」というKPIが明らかになり「週に1回の発信」を目標として戦略を実行していくという流れです。

戦略が確実に実行され事後的な検証も可能

　スコアカードを作成することによって、**戦略目標が、達成するために必要な要素にブレイクダウンされ、実行すべきアクションが具体的に明示される**ため、策定した戦略が実行されやすくなります。また、4つの視点からバランスよく業績を評価することができ、策定・実行した戦略が妥当であったかどうかの事後的な検証も可能になります。

MEMO　スコアカードには、KPIごとの数値目標を達成するためのアクション・プランまで、具体的に明示し、紐づける場合もある。

スコアカードの作成と実行

スコアカードは、4つの視点ごとに設定した戦略目標のそれぞれについて、CSF・KPI・数値目標を紐づけて一覧化したものである。これにより戦略を達成するための手段と目的の関係が明らかになる。

≫ スコアカードの例

視点	戦略目標	主要成功要因 (CSF)	重要業績指標(KPI)	数値目標
財務	収益の増大	売上高の 前年比増加	顧客数の増加 客単価の上昇	前年比+15% 前年比+5%
顧客	新規顧客の 獲得	認知度の向上 契約の継続率の 上昇	SNSでの発信頻度 SNSでのフォロワー数 顧客ニーズの調査	1回/週 100人/月 全件実施
内部 プロセス	マーケティング 部門の強化	組織体制の 見直し	完了時期	第1四半期
学習と 成長	従業員の スキル向上	外部研修の受講 経験豊富な 管理職の確保	受講率 採用人数	85% 2名

戦略マップでは戦略目標間の縦の因果関係が示されたが、スコアカードでは各戦略目標とこれを達成するための手段の、横の因果関係が示される。

≫ スコアカードを作成する意義

- 戦略目標がこれを達成するための具体的な指標にまでブレイクダウンされる
- 実行すべきアクションが明示される

- 戦略の確実な実行が担保される
- 4つの視点からバランスよく業績評価できる
- 戦略の妥当性について事後的な検証が可能になる

最終的に、大きな目標や企業としてのビジョンを達成するためには、1つひとつ、小さなことから潰し込んでいく必要があります

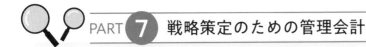
BSCの業績評価と経営改善への貢献

POINT

- BSCは成果に連動した業績評価として用いられる
- 報酬と連動させることで副次的な効果も得られる
- BSCは継続的な経営改善にも役立つ

BSCで業績評価が可能になり、経営の改善にもつながる

これまでは、主に戦略の策定と実行のためのマネジメント・システムとしてBSCがどのように役立つかという観点で確認してきましたが、BSCが果たす役割はこれだけではありません。

まず、**BSCは成果に連動させた業績評価にも用いられます**。BSCでは、財務、顧客、内部プロセス、学習と成長の4つの視点からバランスよく戦略が策定され、それぞれの戦略を達成するための目標が定量的に設定されるため、**総合的かつ客観的な業績評価が可能**になります。

また、BSCを報酬と結びつけることによっていくつかの効果が得られます。1つ目は、戦略の実行が促進されるという点です。戦略の実行にとってもっとも重要な業績評価指標に従業員の関心を向けることができるため、結果として戦略の実行が推進されることになります。2つ目は、**従業員のモチベーションを高める効果**です。業績評価指標の達成度が報酬に結びつくことで、従業員のモチベーションが高まれば、結果的に企業全体としての業績向上にもつながる可能性があります。また、**従業員のモチベーションが高い企業には、優秀な人材が集まりやすい**というのが3つ目の効果です。

さらに、BSCは**経営品質の向上、すなわち継続的な経営改善にも役立ちます**。BSCではビジョンと戦略を具体的な行動レベルにまで落とし込み、これを業績評価指標として評価するため、策定した戦略が妥当であったか事後的に検証し、経営の改善につなげることができます。

MEMO　財務的な成果は、活動（パフォーマンス・ドライバー）の結果として得られるものであるため、業績評価の観点でも、財務的な指標だけでなく非財務的な指標を取り入れることが重要であるといえる。

BSCの業績評価及び経営改善への役立ち

BSCの役割は主に3つあるが、これまでは戦略の策定と実行にどのように役立つかを中心に見てきた。ここでは業績評価システムとして、また、経営改善に、それぞれどのように役立つのかを確認する。

》 業績評価システムとしてのBSC

- 4つの視点からバランスよく戦略を策定
- 戦略を達成するための目標を定量的に設定

➡ 総合的かつ客観的な業績評価が可能

➡
❶ 戦略の実行が促進される
❷ 従業員のモチベーションを高めることができる
❸ 優秀な人材を確保しやすくなる

BSCの主な役割は「戦略の策定及び実行のプロセスを管理するシステム」「バランスのとれた客観的な業績評価システム」「継続的な経営改善のツール」の3つです

BSCは4つの視点から総合的かつ定量的に目標の設定を行うため、業績評価のシステムとしても有用である。また、BSCを報酬と結びつけることでさまざまな効果が得られる。

》 BSCは経営改善にも役立つ

 BSC ビジョンと戦略を具体的な行動レベルに落とし込み、これを業績評価指標として評価する

このプロセスを繰り返すことで、継続的な経営改善が可能になる

戦略が妥当であったか事後的な検証

BSCによって戦略の策定と実行をマネジメントし、業績評価を行うことを通じて、結果として継続的な経営改善にも役立つことになる。

➕ PLUS 1

　業績評価の観点でも非財務的な指標をうまく取り入れることが重要です。非財務的な指標の例としては、顧客の視点を重視するのであれば、新規顧客の獲得数、既存顧客のリピート率、顧客満足度、来客数、成約率などが考えられます。いずれにせよ、報酬と結びつける場合には、すべての従業員が納得できる公平な評価基準となるように、指標の選択や目標数値の設定は慎重に行う必要があります。

経営戦略の大切さ

　経営戦略は、会社が持続的に存続し、成長していくための方向性や経営目標のことです。企業を取り巻く環境が変化し続けるなかで、変化を予測しながら、あるべき方向性を描く必要性があります。

　経営戦略を立案する際に重要なことは、目標を設定することと目標の達成を困難にする課題を発見し、克服することです。目標を設定する際には、指標や数字など財務的な目線だけでなく、非財務的な要素も組み込むことで、目標達成のための考え方やプロセスが明らかになります。

　また、経営戦略を明確にすることで、従業員が共通の目標をもつことができます。共通の目標をもつと、全員が同じ方向を向いて仕事するようになり、組織効率が上がります。

　また、KPIのコントロールにも有効です。KPIはある程度の企業規模になると部署ごとに設定することが効果的ですが、これは部署ごとに設定したほうが、そこに属する部員からの同意が得られやすく、KPIの達成への責任感を引き出しやすくなるためです。ただし、異なる部署は利害が一致しないことが多いため、部署ごとに設定したKPIが同じ方向を向かずに、会社全体では非効率となってしまう可能性があります。経営戦略の存在は、このような非効率の抑制にも効果的で、全体が同じ方向を向いて最適な行動をとることを促します。

PART 8
営業費の管理

　これまで主に製造の面から利益や目標を出してきましたが、企業の活動は製造だけではありません。サービスや製品を販売するための営業活動や直接関係しない一般的な管理活動も大切で、これらの活動からもコストは発生します。これらのコストを効率化するためにも管理会計の考え方が必要になります。

営業費管理の意義

POINT

- 販売・一般管理活動から生じるコストが営業費
- 販売・一般管理活動の重要性が高まっている
- 営業費は効率的・効果的に管理すべき

企業の活動は製造だけではない

　PART4では製造原価を管理の対象とする原価管理について確認しましたが、企業の経営活動において発生するコストは、製造原価だけではありません。企業は製品の製造だけを行っているわけではなく、製品を顧客に販売するための活動や、製造や販売に直接的には関係しない一般的な管理活動も行っており、これらの活動からもコストは発生します。これらのコストは**損益計算書において「販売費及び一般管理費」**として計上され、**管理会計上は営業費**とも呼ばれます。

　営業費のうち、販売費の例としては、営業部門の人件費、広告宣伝費、交際費、販売手数料などが挙げられます。一般管理費には、役員報酬、経理や総務部門の人件費、本社ビルの減価償却費や水道光熱費などがあります。

営業費を効率化し、支出の効果を最大化する

　伝統的な管理会計において、管理の対象として重視されてきたのは製造原価でした。しかし、顧客ニーズの多様化やグローバル化の進展、法規制の変化といった経営環境の変化により、企業は原価の低減だけを目指せばよいという状況ではなくなりました。市場の開拓や顧客の獲得・維持のためのマーケティングやカスタマーサポート、情報セキュリティやコンプライアンスへの対応等の重要性が高まっており、これらにかかるコスト、つまり営業費も増加傾向にあります。したがって、**営業費をいかに効率化するか**、また、**いかに支出の効果を最大化するか**が、企業にとって大きな関心事となっています。

用語解説　カスタマーサポート　顧客が製品やサービスを購入した後、問題解決や情報提供などのサポートを行う業務。顧客の要望や課題に対応することで顧客満足度を高め、顧客の維持を図る。

営業費の内容と管理の必要性

販売活動や一般管理活動から生じるコストが営業費であり、損益計算書上は「販売費及び一般管理費」として表示される。近年、営業費の重要性の高まりから、これをいかに管理するかが論点の1つとなっている。

》企業活動において発生するコストと営業費

損益計算書

売上高	5,000
売上原価	3,500
売上総利益	1,500
販売費及び一般管理費	700
営業利益	800
営業外収益	100
営業外費用	200
経常利益	700
特別利益	50
特別損失	150
税引前当期純利益	600
法人税等	180
当期純利益	420

企業の経営活動

一般管理活動

製造活動　　　販売活動

販売・一般管理活動から生じるコスト:
販売費及び一般管理費(営業費)

製造活動によって生じるコストである製造原価をいかに管理するかがPART4のテーマでした。一方、販売・一般管理活動から生じるコストの管理がこのPART8のテーマです

》営業費の具体例

区分	具体例
販売費	販売部門の人件費 広告宣伝費 交際費 営業活動のための旅費交通費 商品発送のための荷造運賃 販売代理店への販売手数料
一般管理費	役員報酬 経理・総務部門の人件費 本社ビルの減価償却費 本社オフィスの家賃 本社の水道光熱費

従来の管理会計における管理の対象は製造原価が中心だった。しかし、営業費の重要性の高まりに伴い、これをいかに効率的・効果的に管理するかに企業の関心が高まっている。

営業費の特徴と分類

POINT
- 営業費と製造原価では管理の目的が異なる
- インプットとアウトプットの関係が明確でない
- 販売促進費、物流費、一般管理費に分類、管理する

営業費管理の特徴

営業費には、製造原価とは異なるいくつかの特徴があるため、これを踏まえて管理する必要があります。まず、**営業費と製造原価とでは管理の目的が異なります**。製造原価の管理は原価の引き下げを主な目的として行われますが、営業費は原価の引き下げよりも利益の増大にどれだけ効果があるかという視点で管理します。また、製造原価については、材料の投入量と製品の生産量の関係のようにインプット（努力）とアウトプット（成果）との間に比例的な関係が見られますが、**営業費は製造原価ほどインプットとアウトプットとの関係が明確ではありません**。

例えば、交際費や広告宣伝費を増やしたとしても、売上高の増加にどれだけ貢献したのかを把握するのは困難です。この点とも関係しますが、製造原価と比較して変動費が少なく、固定費が多いというのも営業費の特徴です。**さらに、営業活動では顧客の心理的要因や環境要因によって、その結果が左右される**ため、製造現場のように機械的な管理ができません。

営業費管理のための分類

営業費の特徴を踏まえて適切に管理するため、管理会計においては営業費を、**顧客からの注文を獲得するための販売促進費、獲得した注文を履行するにあたって発生する物流費、営業活動の全般的な管理のために必要となる一般管理費の3つに分類**することがあります。次項から、この分類にしたがって、それぞれどのような管理が望ましいのかについて確認していきます。

MEMO 物流費は原価の引き下げが求められる一方で、販売促進費は原価の引き下げより利益の増大にどれだけ貢献したかが重視されるなど、それぞれの内容に応じた管理が求められる。

営業費管理にあたって考慮すべき特徴と分類

営業費には製造原価とは異なる特徴があるため、製造原価と同じように管理しても効果は得られない。特徴を踏まえたうえで営業費を分類し、それぞれに合った管理方法を適用する必要がある。

営業費の特徴

営業費の主な特徴	内　容
利益の増大が目的である	製造原価は原価の引き下げを主目的として管理されるが、営業費の管理では利益の増大に焦点が当てられる
インプットとアウトプットの関係が明確ではない	インプット（努力）とアウトプット（成果）との関係が、製造原価ほど比例的ではない
固定費が多い	製造原価と比較して固定費が多い
心理的要因や環境要因によって左右される	顧客の心理的要因や環境要因によって営業活動の結果が左右され、製造原価のように機械的な管理ができない

営業費にはこのような特徴があるため、標準原価計算など製造原価の管理方法をそのまま適用したとしても、効果的な管理にはつながりません

営業費の分類

営業費の分類	内　容	例
販売促進費	顧客からの注文を獲得するためのコスト	広告宣伝費、交際費、販売手数料　など
物流費	獲得した注文を履行するためのコスト	保管費、輸送費、包装費　など
一般管理費	営業活動の全般的な管理のためのコスト	経理・総務など管理部門の人件費や旅費交通費、会議費　本社の減価償却費や家賃、水道光熱費　など

製品の製造 → 販売促進費 → 注文（売上）の獲得 → 物流費 → 注文（売上）の履行

製造原価　　　一般管理費　　営業活動の全般的な管理

営業費は、注文を獲得する前に発生する販売促進費と獲得した後に発生する物流費、また、営業活動全般に関わる一般管理費の3つに分類することができる。

販売促進費の管理

POINT

- 販売促進費は売上高の増加を目的としたコスト
- 支出あたりの売上高の最大化が重要
- 割当型予算によって管理する

売上高増加を目的とした活動で発生する販売促進費

販売促進費は、**新規顧客の獲得や既存顧客のエンゲージメント（愛着度）向上など売上高の増加を目的とした活動により発生するコスト**です。売上高（受注）を獲得するためのコストであるため、注文獲得費ともいわれます。具体的には、広告宣伝費、交際費、販売手数料などがこれに該当します。生産や販売などの事業活動に伴って必然的に発生するもの（オペレーティング・コスト）ではなく、**経営方針によって発生、増減するポリシー・コスト**としての性格をもっています。

販売促進費は売上高との関連で管理する

販売促進費は、**売上高を増大させるために支出するもの**であり、コストを引き下げればよいという性質のものではないため、支出の効果、すなわち支出額あたりの売上高をいかに最大化できるかが重要になります。したがって、販売促進費は売上高との関連で管理する必要があり、責任体制としても原価センターではなく、利益センターに管理の責任をもたせることが重要です。

このような性質があるため、販売促進費は計画段階で割当型予算として設定し、この**予算と実績との比較により管理する**ことが望ましいと考えられます。割当型予算とは、経営者の方針を反映した**全体の予算を各部門に割り当てる**方法で編成された予算です。過去の支出とその効果についての実績、競合他社の状況、販売促進の目的と目標、会社としての支出限度額などを考慮して、販売促進費の各部門への割当額を決定します。

用語解説 原価センターと利益センター 原価センターは収益を直接は生み出さず、費用についてのみ責任を負う部門。利益センターは収益から費用を差し引いた利益に責任を負う部門。

販売促進費の管理のポイント

販売促進費は、売上高の増大を目的としたコストであるため、コストを削減すればよいという性質のものではなく、支出の効果をいかに最大化できるかという観点で管理することが重要である。

》販売促進費の特徴と管理方法

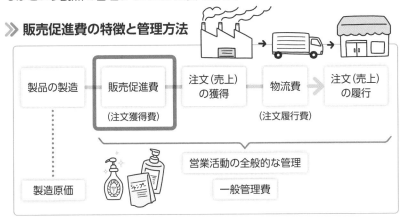

| 販売促進費 | 売上高の増加（注文の獲得）を目的とした活動により発生するコスト（広告宣伝費、交際費、販売手数料など） |

ポリシー・コストとしての性質

| 管理のポイント | コスト削減ではなく、支出額あたりの売上高をいかに最大化できるか |

責任体制	利益センター（収益から費用を差し引いた利益に責任を負う部門）に責任をもたせる
管理方法	割当型予算（経営者の方針を反映した全体の予算を各部門に割り当てる方法で編成された予算）によって管理

割当型予算の設定方法はさまざまですが、過去の実績、競合他社の状況、販売促進の目的、支出限度額などを考慮することが考えられます

販売促進費は、注文を獲得して売上高の増加を実現するためのコストであるため、支出あたりの売上高をいかに最大化できるかがポイントになる。

物流費の管理

- 物流費は生産や販売の結果として発生するコスト
- 製造原価と同様、コスト削減が管理の目的
- 標準原価計算やABC・ABMの適用が効果的

物流費は生産や販売の結果として発生する

　物流費は、生産や販売の結果として発生するコストであり、具体例としては保管費、輸送費、包装費などが挙げられます。販売促進の結果として獲得した注文を履行するためのコストであることから、注文履行費と呼ばれることもあります。例えば、注文を獲得して顧客に届けるべき製品の数量が増えれば、これに伴って製品の保管や配送にかかるコストも増加します。このように、**獲得した注文との関連で必然的に発生するコスト**であり、オペレーティング・コストと呼ばれることもあります。

物流費を管理する

　物流費は生産量や売上高との関連で反復的・機械的に発生するものであるため、ある程度標準化して管理することができるという点で製造原価と類似しています。また、責任体制は原価センターにおいて管理するのが一般的です。

　したがって、**物流費は効率化によっていかにコストを削減できるかが重要**であるため、製造原価と同様に標準原価計算を適用して管理することが有効です。具体的には、原価センターごとに測定単位(保管・発送する製品の個数や重量など)を定めたうえで、**コストを変動費と固定費の要素に区分し、変動予算に基づいて標準原価を設定**します。すなわち、1単位あたりの変動費率に実際の測定単位を乗じて、これに固定費を加算することで標準原価を算定します。また、標準原価計算だけではなくABCやABMを適用することも可能です。

MEMO 包装費には、商品パッケージなど製品を販売するための包装費と、製品を輸送するための包装費がある。前者は商品の一部を構成するため製造原価として取り扱われることがある。

物流費の管理のポイント

　物流費は、生産や販売との関連で必然的に発生するコストであるため、製造原価と同様、いかに原価を引き下げることができるかが重要となる。したがって、標準原価計算によって管理することが可能である。

》物流費の特徴と管理方法

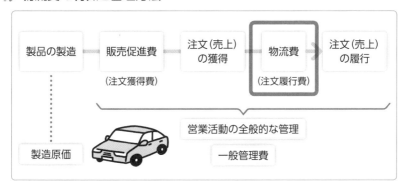

| 物流費 | 獲得した注文を履行するためのコストで、生産や販売の結果として発生する（保管費、輸送費、包装費など） |

オペレーティング・コストとしての性質

| 管理のポイント | 効率化によっていかにコストを削減できるかが重要 |

責任体制	原価センター（収益を直接は生み出さず、費用についてのみ責任を負う部門）に責任をもたせる
管理方法	変動予算に基づく標準原価計算（標準原価=変動費率×測定単位+固定費）で管理

物流費の管理に有効なABCやABMについては、P112・118で説明しています

物流費は生産量や売上高との関連で反復的・機械的に発生するため、製造原価と同じように標準原価によって管理することができる。

一般管理費の管理

- 一般管理費は主に本社の管理業務から生じるコスト
- 固定予算として管理するのが効果的
- 売上高比率や労働生産性を算定して分析

一般管理費は管理業務から発生する

一般管理費は、一般管理活動から生じるコストで、経理・総務・人事など管理部門の人件費・旅費交通費・会議費、本社ビルの減価償却費・地代家賃・水道光熱費などがあります。主に本社における管理業務から発生し、生産活動や販売活動に応じて増減するわけではないため、標準原価を設定して管理するような性質のものではありません。また、**人件費の割合が大きい**のも特徴です。

一般管理費を管理する

一般管理費は、**企業規模や組織構造などに変化がない限り、毎期ある程度固定的に発生する**コストであり、また、経営者の方針によって発生・変動するものでもないため、変動予算や割当型予算ではなく固定予算によって管理することが適当です。また、直接的に利益を生み出すための活動ではないため、原価センターによって管理することが一般的です。

一般管理費については、**業務の効率化・合理化によっていかにコストを削減できるか**が重要なポイントであり、これを実現するためには、まず自社の一般管理費を分析することが必要になります。具体的には、売上高一般管理費率 (=一般管理費÷売上高) や、一般管理部門の労働生産性 (=付加価値額÷一般管理部門の人員数) を算定し、これを競合他社などのベンチマーク (指標・基準) と比較することで、自社の一般管理部門の人員数やコストの水準が適正なレベルであるのかどうかを分析し、その結果を予算に反映させていく方法が考えられます。

用語解説 付加価値額 企業活動によって一定期間に新たに生み出された価値。利害関係者である株主・債権者・従業員・国等に対して支払われる配当、利子、給料、税金などの合計として算定される。

一般管理費の管理のポイント

一般管理費は、主に本社による管理業務から発生するコストであるため、業務の合理化・効率化によって原価の引き下げを図ることが重要となる。売上高に対する比率や労働生産性を分析することも有用である。

》 一般管理費の特徴と管理方法

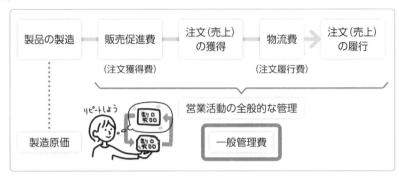

| 製品の製造 → 販売促進費 → 注文（売上）の獲得 → 物流費 → 注文（売上）の履行 |

（注文獲得費）　　　　　　　（注文履行費）

営業活動の全般的な管理

一般管理費

製造原価

| **一般管理費** | 主に本社における管理業務から発生するコスト（管理部門の人件費・旅費交通費・会議費、本社ビルの減価償却費・地代家賃・水道光熱費など） |

● 生産や販売に応じて増減するものではなく、ある程度固定的に発生
● 経営方針によって発生するポリシー・コストでもない

| **管理のポイント** | 効率化によっていかにコストを削減できるかが重要 |

責任体制	原価センター（収益を直接は生み出さず、費用についてのみ責任を負う部門）に責任をもたせる
管理方法	・固定予算によって管理 ・売上高一般管理費率や労働生産性を算定し、ベンチマークと比較・分析

・売上高一般管理費率＝一般管理費÷売上高
・一般管理部門の労働生産性＝付加価値額÷一般管理部門の人員数

人件費が多い点も一般管理費の特徴です。したがって一般管理部門の人数を適正水準に維持することが重要です

一般管理費はポリシー・コストではないため、割当型予算による管理は適していない。また、標準原価を設定して管理するような性質のものでもない。

営業費の分析
全部原価法

- 営業費分析には主に3つの手法がある
- 全部原価法では、セグメントに全原価を負担させる
- 全部原価法は安全性の指標として優れている

共通するコストをどのように取り扱うか

　営業費の分析は、事業、製品、顧客、販売地域などのセグメント別に**収益性や業績を評価・分析して、営業活動を効率化する**ことを目的として行われます。営業費分析の手法としては、各セグメントに共通するコストをどのように取り扱うかによって全部原価法、貢献利益法、ABCの3つに分かれます。

すべての原価をセグメントに集計する

　全部原価法は、直接費・間接費の区別を問わず、すべての原価をセグメントに負担させるべきという考え方に基づいた計算方法であるため、各セグメントに共通する本社費等のコストも含めて**すべての原価をセグメントに集計して、利益を算定します**。具体的には、直接費はそれが発生したセグメントに賦課し、間接費については関連するセグメントに合理的な配賦基準で配賦して、**特定のセグメントに賦課できない共通費についても何らかの基準で各セグメントに配賦**して負担させることになります。したがって、すべての原価を回収できているかどうかという安全性の指標としては優れています。

　具体的な数値をもとに、全部原価法による事業部別の損益計算書を作成してみましょう（右図）。本社費は各事業部の共通費であるため、従業員数を基準に配賦しています。全部原価法では共通費を含むすべてのコストを各セグメントに負担させるのです。X事業部とY事業部の合計では本社費700を回収してもなお利益が計上されているため、全社的な安全性には問題がないといえそうです。

　|用語解説| セグメント　事業や製品群などの、企業を構成する単位。上場企業の場合、売上、利益、資産等の財務数値をセグメント別に分解した情報を「セグメント情報」として開示することが求められている。

全部原価法による営業費分析

営業費分析の手法には、全部原価法、貢献利益法、ABCがある。このうち、全部原価法ではすべての原価をセグメントに負担させるため、共通費も何らかの配賦基準に基づいて各セグメントに配賦されることになる。

≫ 全部原価法による営業費分析の数値例

事業別損益計算書の作成に必要となるデータ

●事業部別の財務データ

	X事業部	Y事業部	本社
売上高	2,000	1,500	－
売上原価	1,200	1,000	－
営業費			
販売促進費	300	100	－
物流費	80	60	－
本社費	－	－	700

●事業部別の従業員数

X事業部	650人
Y事業部	350人

全部原価法による事業部別損益計算書

	X事業部	Y事業部	合　計
売上高	2,000	1,500	3,500
売上原価	1,200	1,000	2,200
売上総利益	800	500	1,300
販売費及び一般管理費			
販売促進費	300	100	400
物流費	80	60	140
本社費（※）	455	245	700
営業利益	△35	95	60

（※）X事業部：700×650人／（650人＋350人）＝455
　　　 Y事業部：700×350人／（650人＋350人）＝245

本社費を従業員数に基づいて配賦した結果、X事業部は赤字となるが、企業全体としては本社費700を回収できているため、安全性には問題はなさそうだと判断できる。

営業費の分析
貢献利益法

- 共通費の配賦基準を合理的に設定することは困難
- 全部原価法は業績評価には適していない
- 全部原価法の欠点は貢献利益法で解消できる

全部原価法は配賦基準次第で異なった結果が出る

前項の例のように、全部原価法によって本社費を各事業部に配賦した結果、X事業部は赤字である一方、Y事業部は黒字であるため、事業部の業績評価としてはY事業部の方が優れており、X事業部は全社的な利益に貢献できていないという評価になりそうです。しかし、**実際には、X事業部は本社費配賦前の段階では利益を計上できており、全社的な共通費の回収には貢献している**といえます。また、そもそも合理的な共通費の配賦基準を設定すること自体が困難であり、恣意的な配賦が行われる可能性は否定できません。

例えば、本社費の配賦基準を売上高に変更すると、従業員数を配賦基準とした場合には赤字であったX事業部が、黒字に転換しています。このように、**全部原価法では配賦基準の設定次第で結果が大きく変わる**可能性があります。したがって、全部原価法は、セグメントの業績評価には適していません。

費用の回収と利益の獲得にどれだけ貢献しているか

各セグメントが費用の回収と利益の獲得にどれだけ貢献しているかを適切に評価するためには、貢献利益法を採用します。貢献利益法では、共通費を各セグメントに配賦することはせず、一括で控除します。この項では、前項の例を用いて貢献利益法によって事業部別の損益計算書を作成しました。これによると、X事業部、Y事業部ともにプラスの貢献利益を計上しているため、**共通費の回収と全社的な利益の獲得に貢献できている**ことがわかります。

MEMO 貢献利益法の欠点としては、貢献利益という概念自体が一般的に理解しづらいこと、共通費を配賦しないため最終的な利益が把握できないということが挙げられる。

貢献利益法による営業費分析

全部原価法では、配賦基準の設定に恣意性が入り込む余地があり、また、セグメントの業績評価を適切に行うこともできない。これらの欠点を解消できる手法が、貢献利益法である。

≫ 全部原価法において配賦基準を変更した場合

全部原価法による事業部別損益計算書

（本社費の配賦基準を売上高とした場合）

	X事業部	Y事業部	合　計
売上高	2,000	1,500	3,500
売上原価	1,200	1,000	2,200
売上総利益	800	500	1,300
販売費及び一般管理費			
販売促進費	300	100	400
物流費	80	60	140
本社費（※）	400	300	700
営業利益	20	40	60

（※）X事業部：700×2,000/(2,000+1,500)＝400
　　　Y事業部：700×1,500/(2,000+1,500)＝300

P241（従業員数を配賦基準とした場合）では、X事業部は赤字であったが、配賦基準を売上高に変更すると黒字になる。このように、全部原価法では、配賦基準次第で結果が大きく変わる。

≫ 貢献利益法による事業部別損益計算書

貢献利益法による事業部別損益計算書

	X事業部	Y事業部	合　計
売上高	2,000	1,500	3,500
売上原価	1,200	1,000	2,200
売上総利益	800	500	1,300
販売費及び一般管理費			
販売促進費	300	100	400
物流費	80	60	140
貢献利益	420	340	760
本社費			700
営業利益			60

貢献利益法では本社費を無理に配賦することはせず一括で控除する。このため、事業部の全社利益に対する貢献度を適切に評価することができる。

営業費の分析
ABCを適用する

POINT

- 営業費分析にABCを適用することもできる
- ABCにより営業費を適切に割り当てることが可能
- ABCは製品戦略に効果的ではあるが手続は煩雑

営業費分析にABCを適用する

営業費分析に活動基準原価計算（ABCのこと。P112参照）の考え方を適用することも可能です。従業員数や売上高といった操業度に関連した基準で配賦を行うのではなく、**営業費を発生させる要因となった活動を基準にして各セグメントに配賦**することで、営業費を各セグメントに適切に負担させることができます。

ABCによるセグメント別損益計算書の作成

2つの事業部（それぞれX製品とY製品を生産販売）を運営する企業を例に、営業費をABCによって各事業部に割り当てて、損益計算書を作成してみます。営業費としては、販売促進費2,500千円、物流費3,600千円、管理費900千円が発生しており、それぞれの活動内容は顧客との商談、商品の輸送、経理処理のみであったと仮定します。販売促進費については商談が行われた日数、物流費については商品の輸送回数、管理費については処理した伝票の本数を基準として各製品（各事業）にコストの割当を行うこととします。具体的には、販売促進費であれば、原価作用因（コスト・ドライバー）である商談の1日あたりのコストは100千円（＝発生額2,500千円÷総日数25日）となるため、これをX製品、Y製品に関して行われた商談の日数に乗じて、各製品へのコストの割当額を計算します。物流費と管理費についても同様です。すると、売上総利益はX製品のほうが大きいものの、活動を基準に営業費を割り当てるとY事業部のほうが営業利益は大きく、**今後の製品戦略を練るうえで有用なデータを得られます。**

MEMO ABCによると、操業度を基準におおまかな配賦を行った場合と比較して効果的な分析ができるものの、原価作用因の特定が困難、計算が煩雑などのデメリットがある。

ABCによる営業費分析

ABCではコストの発生要因となった活動を基準とした配賦を行うため、営業費分析にABCを適用することで、営業費を各セグメントに適切に割り当てることができる。

ABCによる営業費分析の数値例

事業部（製品）別の売上データ

	X事業部（X製品）	Y事業部（Y製品）
売上高	20,000千年	15,000千円
売上原価	12,000千円	10,000千円
売上総利益	8,000千円	5,000千円

営業費に関するデータ

営業費	活動内容	金額	原価作用因	X製品	Y製品	合計
販売促進費	顧客との商談	2,500千円	商談の日数	20日	5日	25日
物流費	商品の輸送	3,600千円	輸送の回数	45回	15回	60回
管理費	経理処理	900千円	伝票の本数	70本	20本	90本

営業費がどのような活動を原因として発生しているのかを考える。ここでは、顧客との商談、商品の輸送、経理処理という活動から生じていると仮定している。

ABCによる事業部別損益計算書の作成

	X事業部（X製品）	Y事業部（Y製品）
売上高	20,000千円	15,000千円
売上原価	12,000千円	10,000千円
売上総利益	8,000千円	5,000千円
販売費及び一般管理費		
販売促進費	2,000千円	500千円
物流費	2,700千円	900千円
管理費	700千円	200千円
営業利益	2,600千円	3,400千円

※1 原価作用因1単位あたりの営業費の計算
販売促進費　100千円/日（＝2,500千円÷25日）
物流費　60千円/回（＝3,600千円÷60回）
管理費　10千円/本（＝900千円÷90本）

※2 営業費の配賦額の計算
販売促進費　X事業部：100千円/日×20日＝2,000千円
　　　　　　Y事業部：100千円/日×5日＝500千円
物流費　　　X事業部：60千円/回×45回＝2,700千円
　　　　　　Y事業部：60千円/回×15回＝900千円
管理費　　　X事業部：10千円/本×70本＝700千円
　　　　　　Y事業部：10千円/本×20本＝200千円

製品戦略にとって有用なデータは得られるものの、計算は煩雑になります

売上総利益はX製品のほうが大きい一方で、営業利益はY製品のほうが大きいという結果になった。

PART 8 営業費の管理

研究開発費の管理

POINT
- 研究開発とは、新しい知識を発見し、これを新製品・サービスとして具体化する活動
- 研究開発費には費用と投資の2つの側面がある

新製品や新技術の研究開発活動から生じる費用

研究開発費 (Research and Development Cost：R & Dコスト) とは、**新製品や新技術の研究開発活動から生じるコスト**です。

財務会計の考え方に照らせば、新しい知識を発見するための活動が研究で、そこで得られた知識を製品やサービス等の形で具体化する活動が開発ということになります。

具体的には、研究開発に携わる人員の給料、研究開発に使用した原材料費や設備の減価償却費などが研究開発費に含まれ、財務会計上は発生時の費用 (一般管理費もしくは当期製造費用) として会計処理されます。

研究開発費の性質と管理

企業が高い付加価値をもつ製品やサービスを生み出し、持続的な発展を遂げるためには、研究開発への投資が欠かせないため、これをいかに効率的・効果的に管理するかが重要なテーマとなります。

研究開発にどれだけのコストを掛けるかは経営方針によるところが大きいため、**研究開発費にはポリシー・コストとしての性質があります**。そのため、基本的に割当型予算として管理することになります。

また、研究開発費は新製品やサービスを生み出して将来のキャッシュ・フローを創出するための支出であるため、投資としての性格も有しています。したがって、**投資の経済性計算に基づく評価**が求められます。

MEMO 研究開発費は、人件費や減価償却費など複数の費目の集合であるため、プロジェクト全体として管理することに加えて、個々の原価要素別に集計・管理することも求められる。

研究開発費の特徴と管理

　研究開発活動は、企業の持続的発展にとって非常に重要な活動である。研究開発費には費用としての側面と投資としての側面があるため、この点を踏まえて適切に管理していく必要がある。

》 研究開発費の定義と会計処理

研　究	新しい知識の発見を目的とした計画的な調査および探求
開　発	新しい製品・サービス・生産方法についての計画もしくは設計または既存の製品等を著しく改良するための計画もしくは設計として、研究の成果その他の知識を具体化すること

　研　究　　研究の成果を具体化　　開　発

新しい知識の発見　　　　　新しい製品・サービス・生産方法

研究開発費

発生した期の費用として処理
（一般管理費or当期総製造費用）

研究開発に関連して発生したあらゆるコスト（人件費、原材料費、減価償却費など）が研究開発費として集計され、発生した期の費用として会計処理される。

》 研究開発費の2つの側面

研究開発費の性質

├ 費用としての側面　　ポリシー・コストとして割当型予算で管理

└ 投資としての側面　　投資の経済性計算

研究開発費は費用であるとともに、投資としての性格ももっています。したがって、その管理においても費用的な側面と投資的な側面があります

トヨタの研究開発費

　日本企業において研究開発費が1兆円を超えているのは、トヨタ自動車の1社のみです。各社の決算書によれば、トヨタ自動車の研究開発費は1兆2,400億円で、20年以上連続でトップ、続く本田技研工業が8,800億円、ソニーグループが7,300億円、武田薬品工業が6,300億円、日産自動車が5,200億円となっています。際立った売上や利益を獲得する企業の源泉は、研究開発投資にあるかもしれません（2023年3月時点）。

　トヨタ自動車の研究開発費は、過去10年間で36%程度伸びています。しかし、日本企業全体では、研究開発費の伸びは低調です。特に、主要国と比較してみた場合、見劣りしてしまいます。

　例えば、アメリカ企業全体の研究開発費の総額は、10年前と比べて70%程度の伸びがあります。その他の国を見ても、ここ10年間で、韓国で60%程度、ドイツで35%程度、フランスで13%程度と企業全体の研究開発費は伸びています。対して日本では、10年前と比較してたった4%程度の伸びに留まってしまっています。

　グローバルに企業競争が行われている現在において、日本企業が生き残るためには、研究開発投資を促す必要があります。研究開発投資額を継続的に増やしていくトヨタ自動車は1つの模範といえるでしょう。

索 引

● た行 ●

● な行 ●

● は行 ●

■ 著者紹介

今田 俊輔（いまだ・しゅんすけ）

1980年生まれ。公認会計士。慶應義塾大学経済学部卒業。千代田トラスト綜合会計グループ代表社員。今田俊輔公認会計士事務所所長。資格の学校での講師業務、大手監査法人での監査業務を経て独立開業。現在は、上場・非上場を問わず会計まわりでのサポートを必要とするすべての企業を対象に、会計コンサルティング業務を提供している。

神谷 了（かみや・さとる）

1978年生まれ。公認会計士・税理士。学習院大学経済学部卒業。千代田トラスト綜合会計グループ代表社員。神谷了公認会計士事務所所長。日本公認会計士協会東京会公会計委員。秋田県社会福祉協議会経営指導センター非常勤指導員。現在は株式会社、一般社団法人、社会福祉法人に対して会計監査業務、会計サポート業務、税務業務を提供している。主な著書(共著)に『知識ゼロからのインボイス制度』(2023年、幻冬舎)がある。

◎ 編集：有限会社ヴュー企画（佐藤友美）
◇ イラスト：村山宇希
◎ 本文デザイン：有限会社PUSH（木野内宏行）
▭ 企画・編集：成美堂出版編集部

本書に関する正誤等の最新情報は、下記のURLをご覧ください。
https://www.seibidoshuppan.co.jp/support/

上記アドレスに掲載されていない箇所で、正誤についてお気づきの場合は、書名・発行日・質問事項・氏名・郵便番号・住所・FAX番号を明記の上、**成美堂出版**まで**郵送**または**FAX**でお問い合わせください。
お電話でのお問い合わせは、お受けできません。
※本書の正誤に関するご質問以外にはお答えできません。
※ご質問の到着確認後10日前後に、回答を普通郵便またはFAXで発送いたします。

図解 いちばんやさしく丁寧に書いた管理会計の本

2024年4月20日発行

著 者	今田俊輔　神谷了
発行者	深見公子
発行所	成美堂出版 〒162-8445　東京都新宿区新小川町1-7 電話(03)5206-8151　FAX(03)5206-8159
印 刷	株式会社フクイン

©SEIBIDO SHUPPAN 2024 PRINTED IN JAPAN
ISBN978-4-415-33374-8